AF893580

Abhandlungen
des
kriminalistischen Seminars
an der Universität Berlin.

Herausgegeben

von

Dr. Franz v. Liszt,
ord. Professor der Rechte zu Berlin.

Neue Folge. Fünfter Band.

Berlin 1908.
J. Guttentag, Verlagsbuchhandlung,
G. m. b. H.

Inhalt.

Abhandlungen

des

kriminalistischen Seminars

an der Universität Berlin.

Herausgegeben

von

Dr. Franz v. Liszt,

ord. Professor der Rechte zu Berlin.

Neue Folge. Fünfter Band. 4. Heft.

Demetrius Gusti: Die Grundbegriffe des Preßrechts.

Berlin 1908.

J. Guttentag, Verlagsbuchhandlung,

G. m. b. H.

Die Grundbegriffe des Preßrechts.

Eine Studie zur Einführung in die preßrechtlichen Probleme.

Von

Dr. phil. **Demetrius Gusti.**

Berlin 1908.
J. Guttentag, Verlagsbuchhandlung,
G. m. b. H.

WILHELM WUNDT

zu seinem sechsundsiebzigsten Geburtstag
(16. August 1908)

in dankbarer, tiefer Verehrung.

Inhaltsverzeichnis.

I. Einleitung.

1. Methode.

Die vorliegende Abhandlung[1]) versucht die Grundlage zu gewinnen, auf der man eine Systematik der preßrechtlichen Probleme aufbauen könnte. Die umfassendere Aufgabe, die Systematik selbst und die Lösung dieser Probleme im einzelnen zu entwickeln, ist hier — dies ist von Anfang an ausdrücklich zu betonen — nicht in Angriff genommen.

Unter Anknüpfung an die bisher gewonnenen Ergebnisse der Literatur will diese Abhandlung alte Probleme aufs neue anregen, sie will hauptsächlich auf die Notwendigkeit schärferer Formulierung und auf die Bedeutung des innigen Zusammenhanges der preßrechtlichen Probleme untereinander hinweisen.

Sie hat zum Gegenstand die Analyse und die Bestimmung der Grundbegriffe des Preßrechts. Eine wissenschaftliche Untersuchung über die Grundbegriffe des Preßrechts hat die Aufgabe, die leitenden Prinzipien der Preßgesetzgebung aufzufinden, und, was die juristisch-logische Analyse der preßrechtlichen Begriffe anbetrifft, aus dem Gesetze die Rechtsbegriffe zu erschließen und deren erkenntniskritischen Wert festzustellen.

Zu diesem Zwecke haben zwei methodologische Gesichtspunkte die vorliegende Untersuchung geleitet. Die Methode dieser Untersuchung ist zuerst als eine juristisch-soziologische zu bezeichnen; es ist versucht worden, die Preßrechtsprinzipien auf kritisch-realistischem Wege, auf Grund der geschichtlich-

---

[1]) Die Abhandlung ist die Ausarbeitung eines von dem Verfasser am 5. August 1905 im kriminalistischen Seminar der Universität Berlin gehaltenen Vortrags, welcher auch in der „Schweizerischen Zeitschrift für Strafrecht", 18. Jahrgang, erschienen ist. Sie wurde schon 1907 abgeschlossen.

sozialen Entwicklung und im Einklang mit dem heutigen Zustande der Presse, zu gewinnen. Diese juristisch-soziologische Erkenntnisweise hat das notwendige soziale Bedingtsein der rechtlichen Funktion, nur soweit es preßrechtlich von Belang war, nachzuweisen sich bestrebt, sie ist aber in keiner Weise mit der reinen soziologischen Erkenntnisweise vermengt worden. So werden beispielsweise die Ausführungen über den Ursprung und den heutigen Zustand des Preßwesens insofern nur Mittel zum Zweck sein, als sie nur zur Erforschung der Entwicklungsgeschichte der Begriffsmerkmale und zu einer Begriffsbestimmung des heutigen Preßwesens, schließlich zur Klärung der Frage nach der Zweckmäßigkeit seiner rechtlichen Regulierung dienen. Dies induktive Eingehen auf die im sozialen Gegenstande wurzelnde Eigenart der preßrechtlichen Prinzipien kann in den Worten Berners[1]) eine Rechtfertigung finden: „Ich bin . . . eifrig bestrebt gewesen, ... überall die Gesetze über die Presse, aus den Zeitverhältnissen heraus und im Zusammenhange mit den Bewegungen der Presse selbst darzustellen."

Ein zweiter methodologischer Gesichtspunkt dieser Untersuchung kann als rechtsvergleichend-prinzipieller bezeichnet werden; die Grundbegriffe des Preßrechts werden aus einer ausgedehnten Rechtsvergleichung gewonnen; die in dieser Abhandlung angewandte rechtsvergleichende Methode beruht im Unterschiede von der ethnologisch-universalistischen (die das Rechtsleben aller Völker und Stämme umfaßt), von der historischen (die eine erweiterte Rechtsgeschichte bildet) und von der dogmatisch-statistischen (die in einer einfachen Zusammenstellung der Bestimmungen verschiedener Rechte über einen bestimmten Gegenstand besteht) auf dem folgenden Grundgedanken: es sollen die schöpferischen Rechtsgedanken, wie sie in der Geschichte des Preßrechts oder in den einzelnen geltenden Preßgesetzgebungen hervorgetreten sind, herange-

---

[1]) Albrecht Friedrich Berner, Lehrbuch des deutschen Preßrechts. Vorwort.

Die genauen Angaben über die zitierten Werke finden sich im Literaturverzeichnis, S. 117 f.

zogen und erforscht werden; die Gelegenheitsgesetzgebungen und die nur nachahmenden werden nur sekundär, soweit sie für die Einsicht der Wirkungen dieser Gedanken in Betracht kommen, herangezogen werden. So ist bei der Erörterung des Preßdelikts das deutsche und österreichische Preßrecht als typisch für den Begriff der Druckschrift, die französische Preßgesetzgebung als bahnbrechend für die Regelung der Preßverantwortlichkeit angesehen worden; darum ist auch die französische und englische Preßgesetzgebung bei der Erörterung des Begriffs der Druckschrift, die deutsche bei der des Begriffs der Preßverantwortlichkeit nur nebenbei berücksichtigt worden.

Alles, was diese zwei Gesichtspunkte nicht förderte, ist absichtlich beiseite gelassen. Die Durchbildung des Details hat in der Abhandlung keinen Platz gefunden; ebensowenig ist die Abhandlung dazu bestimmt, alle Kontroversen — und auf dem Gebiete des Preßrechts ist mehr als in anderen Rechtsgebieten, ja alles kontrovers — darzustellen; unumgänglich erschien es mir jedoch bei der gedrängten Kürze der Ausführungen, die wichtigste Literatur in Anmerkungen zu berücksichtigen.

Wer sich mit der preßrechtlichen Materie eingehend beschäftigt hat, wird diese Art der Behandlung bei der Aufgabe, wie diese Abhandlung sie sich stellt, als berechtigt zugestehen. Daß eine solche Behandlung des Themas prinzipielle Angriffe veranlassen könnte, habe ich mir nicht verhehlt. Trotz dieser Bedenken hielt ich indessen an dem geschilderten Vorhaben fest und behalte mir die weitere Vertiefung der in dieser Abhandlung berührten Fragen für spätere historische und monographische Forschungen vor.

2. Begriff des Preßinstituts.

Die Bedeutung einer Analyse des Begriffs des Preßwesens als Ausgangspunkt für eine prinzipielle Erörterung preßrechtlicher Probleme ist in der Literatur schon 1837 von Löffler hervorgehoben worden. „Die Wissenschaft des Preßbegriffs", schreibt er[1]), „ist die Grundlage aller Wissenschaft der Presse, die nicht eröffnet und ausgeführt werden kann, ohne daß man

[1]) Franz Adam Löffler, Über die Gesetzgebung der Presse. S. 96.

zuvor den Begriff von der Presse in seiner vollständigen Bedeutung aufgestellt und nach seinem summarischen Umfange entwickelt hätte."

Auf legislativem Gebiete ist diese Bedeutung zuerst von Royer Collard und Benjamin Constant in der großzügigen Debatte über die französische Preßgesetzgebung von 1819, beziehungsweise über das Kautionswesen[1]), ausdrücklich anerkannt worden. Sie führten die Argumente für und gegen die Zeitungs-Kautionen auf die Auffassung des Zeitungswesens als einer kommerziellen und gewerblichen Anstalt oder als eines bloßen politischen und geistigen Publikationsmittels zurück.

In der Tat, ohne eine eindringende Erkenntnis des Buch- und Zeitungswesens würde man schwerlich zu einem Verständnis des Ausnahmeregimes und seiner leitenden juristischen Prinzipien, wie diese in der Geschichte des Preßrechts hervorgetreten sind, gelangen. Indem ich mich zu einer genaueren prüfenden Betrachtung des Preßinstituts wende, zerlege ich die Frage nach dessen Natur — wie überhaupt m. E. alle sozialen Institute als Entwicklungsprodukte zu analysieren sind — in die nach dem Ursprung und in die nach dem heutigen Zustand und dessen rechtlicher Regulierung.

A. Ursprung des Preßinstituts.

Der Ursprung eines sozialen Instituts ist stets ein zweifacher, er ist psychologischer und entwicklungsgeschichtlicher Art. Das Problem des Ursprungs des Preßwesens beruht darnach auf einer Untersuchung der psychologischen Motivation und der kulturgeschichtlichen Entwicklungsbedingungen des Preßinstituts. Eine solche Untersuchung wird implizite auch einen Beitrag zu der Entwicklung der Begriffsmerkmale des heutigen Preßwesens — wie Periodizität, Publizität (Öffentlichkeit), Inhalt — liefern.

a) Psychologische Motivation.

Von den ältesten Schriftstellern über die Anfänge des Preßwesens haben besonders v. Beust und Spaten (Caspar

---

[1]) Vgl. unten S. 66.

Stieler) in ihren heute noch lesenswerten Schriften den psychologischen Ursprung desselben hervorgehoben. So schreibt v. Beust[1]): „Unter denen edlen Trieben, welche die Natur einem Menschen eingepflanzt, befindet sich auch die Begierde, die Erkenntnis zu vermehren, unbekannte Dinge zu erfahren . . . . man nennet sie stimulum curiositatis." Treffender hat Spaten[2]) diese „Begierde" gekennzeichnet. Er geht von verschiedenen Arten des Wissens aus: „Nur ist ein Unterschied", sagt er, „in demjenigen, was den Zweck und die Gelegenheit des Wissens betrifft. — Etliche begehren zu wissen, um allein zu wissen als die Vorwitzige und Neugierige; Etliche wollen wissen, das man von ihnen wisse als die Eitle und Romrätige; Etliche suchen die Wissenschaft um Gewinstes willen als die Geizige und Habsüchtige; Etliche verlangen zu wissen, daß sie mit ihrem Wissen erbauen; Wiederum sind etliche zu wissen begierig, damit sie selbst erbauet und gebessert werden, welches der Klugen und Verständigen Ziel und Absicht ist." Nun fährt er fort: „Zeitungsjäger wollen nur wissen aus Neugierde."[3])

In diesen Ausführungen ist zweierlei bemerkenswert: der Unterschied zwischen dem „Wissen, um erbaut zu werden", dem Streben nach Erkenntnis, und dem „Wissen aus Vorwitz", dem Neuigkeitsbedürfnis, als einer Jagd nach aktuellen Tatsachen. Es ist hier nicht der Ort, diese Charakterisierung im einzelnen zu verfolgen, aber es ist notwendig, auf diesen Begriff der

---

[1]) Joachim Ernst von Beust, Der Versuch einer ausführlichen Erklärung des Post-Regals. Dritter Teil. S. 591.

[2]) Spaten, Zeitungs-Lust und -Nutz. S. 3.

[3]) l. c. S. 6. Und zwar ist es die Neugierde, welche immer nach interessanten und aktuellen Tatsachen sucht, wie Spaten dies humorvoll schildert: „Ja, sie laufen und rennen nach neuen Zeitungen und können kaum des Tages und der Stunde erwarten, bis dieselbe gedruckt werden und herauskommen. Darum eilen sie nach den Postheusern und Zeitungskrämern und wird ihnen die Zeit lang, ehe sie erfahren, was der König in Frankreich, der Kayser, der Papst und der Sultan zu Konstantinopel machen, welcher unter ihnen die Schlacht gewonnen oder verloren habe? Ob der Berg oder Vesuvius noch brenne? und ob die Retourschiffe in England und Holland glücklich ankommen sind oder nicht? und dies alles gehet sie doch so wenig an als zu wissen, ob in dem Monden Menschen oder Geister wohnen, oder ob darinnen lauter Einöden und Wüstenayen anzutreffen seyn?"

„Aktualität", welcher für den Begriff des Zeitungswesens stets als wesentliches Merkmal angesehen worden ist, des Näheren einzugehen. Da ist zunächst hervorzuheben, daß „Aktualität" nie den Ereignissen als solchen zukommen kann, daß sie nur Bestand hat in dem Interesse, das sich diesen Ereignissen zukehrt. Mit anderen Worten „Aktualität" kann nur bestehen in einem Bewußtsein. Nach dem Inhalt und Umfang nun eines Bewußtseins bestimmt sich das, was aktuell ist, die jeweilige Konstellation des Bewußtseins macht aus, was „wichtig" und „unwichtig" ist. Wenn es nur von den Ereignissen abhinge, etwas aktuell oder nicht aktuell zu machen, wie wäre es denn möglich, daß früher Geschehenes jetzt aktuell wird? Es ist ferner zu erinnern an das, was heute Mode, „en vogue", ist und was doch dem Ursprunge nach der Vergangenheit angehören kann. Hinwiederum wird vieles Neue nicht aktuell, über Unwichtigem wird Wichtiges übersehen, bedeutende Ereignisse müssen hinter „Affären" zurücktreten; und wieviele, beispielsweise von denen, die auf Bauernhöfen leben, nehmen Anteil an dem, was „in der Welt" geschieht[1]).

[1]) Ja, daß selbst etwas, was niemals wirklich geschehen ist, aktuell lediglich dadurch werden kann, daß eine geniale Spekulation eines Menschen durch geschickte Verwendung seiner Kenntnisse der Massenpsyche bestimmte Vorgänge vorzutäuschen weiß, mag eine Mitteilung zeigen, welche in den Berliner Zeitungen vor dem Beginn des Siebenjährigen Krieges stand, und welche derart charakteristisch ist für die Art, wie die Presse bereits in ihrem ersten Entwickelungsstadium für Regierungszwecke benutzt worden ist, daß auch ihre Wiederholung an dieser Stelle gerechtfertigt sein dürfte. Weil man in Berlin von dem bevorstehenden Feldzuge (1756) sprach, dessen Vorbereitungen geheim bleiben sollten, sandte der König, um die Leute von etwas anderem reden zu lassen, einen Artikel in die Berliner Zeitungen, welcher lautete: „Aus Potsdam wird folgendes gemeldet. Am 27. Februar des Abends wurde der Himmel ganz dunkel. Finstere Wolken durch ein Gewitter zusammengezogen, wovon man wenig Exempel hat, bedeckten den ganzen Horizont. Es donnerte bei starken Blitzen, und bei vereinzelten Schlägen fiel ein Hagel, dergleichen man sich bei Menschengedanken nicht erinnert. Von zwei Ochsen, die ein Bauer vor einen Wagen gespannt, wurde einer auf der Stelle erschlagen, viele gemeine Leute wurden in den Straßen verwundet, und ein Bauer zerbrach dadurch den Arm. Die Dächer wurden durch die Schwere des Hagels zerschmettert. Man hat in den Straßen große Klumpen Hagel wie Kürbisse gefunden, die nicht eher als zwei Stunden, nachdem das Ungewitter aufgehört hat, geschmolzen, sind usw." Die Berliner und besonders

Wir nennen — ohne damit erschöpfend sein zu wollen — „aktuell", was in einem gegebenen Augenblick im Vordergrunde des Interesses steht. Die Interessen können rein tatsächlich-objektiver, geistig-sozialer, wirtschaftlicher oder politischer Natur sein. Die Befriedigung dieser Interessen ist in der Kulturgeschichte je nach ihrer Art und Entwicklung und nach Maßgabe der in einer Epoche vorhandenen technischen Mitteln in mannigfacher Weise erfolgt.

b) Kulturgeschichtliche Entstehungsbedingungen.

Die nächste Aufgabe ist demnach die Darlegung der Mittel, die dem obengenannten Zweck im Laufe der Entwicklung dienstbar gemacht wurden und jenes Gebilde brachten, das wir heute Presse nennen. Sprache, Schrift, Post, Buchdruckerkunst sind es, die innerhalb dieses Rahmens in Betracht kommen.

Man hat als die erste Form der Befriedigung des „Neuigkeitsbedürfnisses", als Urzeitung, die „gepfiffene" Tageszeitung, die Unterhaltung, welche aus Signalen mittels hölzerner Pfeifen entsteht und welche unter den Gomeros, dem letzten Rest der Urbewohner der Kanarischen Inseln, verbreitet ist, bezeichnet[1]).

Viel berechtigter ist es, von gesprochenen oder erzählten Zeitungen bei dem zu sprechen, was Hatin schildert[2]), nämlich dem Sammeln und Weitererzählen von Neuigkeiten an den Straßenecken und öffentlichen Plätzen von Paris im 15. und 16. Jahrhundert. Ferner ist auf das Ausrufen und auf das Ausbieten der Waren im Mittelalter hinzuweisen als einer Art der Publikation. Diese Form ist auch heute in den Kleinstädten und auf den zentralafrikanischen Stammesmärkten anzutreffen und bildet dort

---

die Potsdamer erstaunten über die Geschichte. Nach einiger Zeit kam der Zusammenhang an den Tag; „aber der Zweck des Königs war erreicht; man hatte eine Zeit lang nur von dem Unwetter in Potsdam und den kürbisgroßen Hagelkörnern gesprochen". 150 Jahre Schlesische Zeitung. S. 138.

[1]) O. Schea „Biarritz Association", zitiert bei Ludwig Munzinger, Die Entwicklung des Inseratenwesens in den deutschen Zeitungen, S. 10; vgl. dazu noch über die „Trommelsprache" mancher afrikanischen und südamerikanischen Stämme: H. Schurtz, Urgeschichte der Kultur. S. 47.

[2]) Eugène Hatin, Histoire politique et littéraire de la Presse en France, S. 38. — Vgl. auch Henri Avenel, Histoire de la Presse française depuis 1789 jusqu'à nos jours, p. 353.

sogar die einzige Form der Veröffentlichung. Neben dem lyrischen Gedicht und dem kirchlichen Lied verdankt das Buch der Rede, der Vorlesung seinen Ursprung. Durch die Unterredung, den Austausch von Meinungen und durch deren gegenseitige Kritik auf den öffentlichen Plätzen oder in den Schulen, beispielsweise in der der Akademiker oder Peripatetiker, ist die beliebte Dialogform der klassischen griechischen Werke entstanden. Von der ausgedehntesten Wirkung war die Sitte der privatim oder öffentlich unentgeltlich gehaltenen Vorlesungen über die eigenen Werke vor ihrer Herausgabe in Rom, anfangs in dem Kreis der Freunde des Autors in eigenen oder gemieteten Häusern, später aber öffentlich vor allem Volk im Theater und auf dem Forum, in Tempeln und Hallen, in Gärten und Bädern[1]). Ort und Zeit der Veranstaltungen waren durch Programme, besondere Einladungen, öffentliche Anschläge oder Zeitungsannoncen bekannt gemacht.

Die Erfindung der Schreibkunst hat eine neue Publikationsform bewirkt. Und wenn man von den mit Inschriften und Schriftzeichen bedeckten Grabkammern Ägyptens, den Tempelsäulen Assyriens und Persiens, von den jüdischen Affichen[2]) oder von den täglichen Aufzeichnungen der alten Babylonier, die die wichtigste Quelle der Chaldaika, der drei Bücher babylonisch-chaldaischer Geschichte, bilden, absieht, so bleiben noch drei wichtige Tatsachen, welche uns über den Ursprung des Zeitungswesens durch die Schriftbenutzung die beste Aufklärung geben: das Zeitungswesen der Chinesen und der Römer, sowie die in Briefform geschriebenen Zeitungen des 15. und

---

[1]) W. Adolf Schmidt, Geschichte der Denk- und Glaubensfreiheit im ersten Jahrhundert der Kaiserherrschaft und des Christentums. S. 112. Vgl. auch Georg Grupp, Kulturgeschichte der römischen Kaiserzeit Bd. I. S. 160. — Daß das Buch seinem Ursprunge nach eine öffentliche Vorlesung oder Rede sei, ist auch von Kant hervorgehoben worden, so schreibt er in der „Metaphysik der Sitten" (1. Teil, Kants sämtl. Werke, hrsg. v. Hartenstein, Bd. 7. S. 89): „Was ist ein Buch? Ein Buch ist eine Schrift, welche eine Rede vorstellt, die jemand durch sichtbare Sprachzeichen an das Publikum hält."

[2]) Vgl. Dalloz, Répertoire méthodique et alphabétique de législation, de doctrine et de jurisprudence. T. 36, Art. Presse, p. 384 f. — O. Datz, Histoire de la publicité depuis les temps les plus reculés jusqu'à nos jours.

16. Jahrhunderts. In den beiden ersten Fällen ist die Schrift ein Regierungsinstrument geworden, der Staat macht als der erste[1]) zum Zweck der Publikation Gebrauch von der Schreibkunst. Voltaire schreibt über die chinesischen Zeitungen: „de tels journaux étoient établis à la Chine de tems immémorial; on y imprime tous les jours la „gazette" de l'empire par ordre de la cour."[2]) Es handelt sich um den „Pekinger Staatsanzeiger" (Die Pekinger Staatszeitung — „King-Pao"), welcher bis zum 27. Oktober 1907[3]) in einer geschriebenen und einer gedruckten Ausgabe erschien. Aus uralter Zeit bestand am chinesischen Hof ein Rat von Beamten, die als Zensoren fungierten[4]), und welche, zuerst für den Kaiser und die höchsten Beamten, später für eine breitere Öffentlichkeit eine mit Berichten über die geistige und politische Bewegung in den kaiserlichen Provinzen gefüllte Zeitung redigierten. Aus dieser Zeitung ist die „King-Pao" geworden; sie bestand aus drei Abteilungen: die erste enthielt Hofnachrichten, dann kamen die Mitteilung von kaiserlichen Tagesedikten, endlich die über Berichte und Denkschriften der Staatsbeamten an den Kaiser[5]).

An der Publikationseinrichtung des römischen Staatswesens kann man, wenn auch nur in groben Zügen, die Geschichte des römischen Staates überhaupt verfolgen[6]). Diese Behauptung

---

[1]) Die erste Anwendung der Schrift von privatrechtlicher Bedeutung tritt wohl mit dem Eintritt der Schriftformel der Obrigkeit an die Stelle der Sprachformel der Partei im römischen Zivilprozeß auf.

[2]) „Si cette gazette est vraie, fügt er noch ironisch hinzu, est a croire que toutes les vérités n'y sont pas. Aussi ne doivent-elles pas y être." Art. par Voltaire in „Encyclopédie ou Dictionnaire raisonné des Sciences, des Arts et des Métiers". T. 7. P. 534.

[3]) Infolge des Rates der Beamten, die mit Ausarbeitung der neuen Verfassung in China beauftragt waren, erscheint seit diesem Datum an Stelle der „King-Pao" eine im modernen Sinne redigierte Zeitung „Cheng Chi Kuan Pao". Vgl. die Mitteilung des Reuterschen Korrespondenten in Peking in „Blätter für die gesamten Sozialwissenschaften", S. 42.

[4]) Colonel Tscheng-Ki-Tong, Les Chinois peints par eux-mèmes. P. 102.

[5]) Vgl. B. Navarra, China und die Chinesen. S. 894. — F. Hirth, Das Zeitungswesen in China. „Österreichische Monatschrift für den Orient" S. 7. 52.

[6]) Ich weise auf folgende monographische Arbeiten hin: Beckmann, Beiträge zur Geschichte der Erfindungen. II. Teil S. 236. VI. Teil S. 306. — Fr.

ist nicht übertrieben, denn die verschiedenen römischen Publikationsorgane entsprechen den Hauptentwicklungsperioden des römischen Staates, und zwar die Annales Maximi der Zeit des Übergewichtes der Patrizier, die Acta populi Romani diurna der demokratischen Republik, die Acta senatus diurna dem Zeitalter der Bürgerkriege, dem Zwiespalt zwischen Staats- und Volksgewalt, und endlich die Acta diurna in ihrer neuen Gestalt der Kaiserzeit.

Die Publikation der jährlichen Staatsberichte von Staats wegen durch den Oberpriester, der Annales maximi oder Annales Pontificum, Annales Pontificum maximorum, Commentarii Pontificum, Annales publici, Annales, wie sie noch genannt wurden, bestand darin: nach Ablauf eines Jahres stellte der Pontifex maximus im Archiv seines Palastes eine Tafel mit der Rubrizierung der denkwürdigen Ereignisse nach dem Kalender geordnet auf. Der Eintritt in das Pontificialarchiv, sowie die Einsicht in die dort aufgestellten Tafeln war erst nur den Patriziern, dann auch den Plebejern gestattet: hierin lag ihre Öffentlichkeit.

Mit der Republik bekommt dies Institut eine mehr populäre Tendenz und wird genannt: Acta populi Romani diurna oder

---

C. Schlosser, Über die Quellen der späteren lateinischen Geschichtsschreiber, besonders über Zeitungen, öffentliche Bekanntmachungen, Archive und deren Benutzung unter den Kaisern. „Arch. für Geschichte der Literatur". S. 80—106. — Victor Le Clerc, Des Journaux chez les Romains (erste quellenmäßige Bearbeitung des Stoffes). — Lieberkühn, De diurnis Romanorum actis. — W. Ad. Schmidt, Das Staatszeitungswesen der Römer. „Zeitschrift für Geschichtswissenschaft". Bd. I. S. 303—355. (Die m. E. bedeutendste Monographie über den Gegenstand. Schmidt weist zum ersten Male auf den historischen Zusammenhang der offiziellen römischen Journalistik mit den jedesmaligen römischen politischen Zuständen hin.) — J. G. Hullemann, Disputatio Critica de Annalibus Maximis in „Het Gymnasium te Amsterdam". — Heinze, De spiriis Actorum Diurnorum Fragmentis undecim. — Karl Zell, Über die Zeitungen der alten Römer. S. 3—248 (eine Bearbeitung seiner 1835 erschienenen akademischen Gelegenheitsschrift unter demselben Titel). — E. de Suckau, Les Journaux chez les Romains „Revue Germanique" T. 17, p. 46—68 (ein knappes Referat über einige der vorerwähnten Arbeiten). — Acta, Artikel in „Dizionario epigrafico di antichità romane" di Ettore de Ruggero. S. 45 ff. — Vgl. auch Lange, Römische Altertümer. — Th. Mommsen, Römische Geschichte, Bd. III. S. 617. — Th. Mommsen, Römisches Strafrecht. S. 514.

auch einfach Acta diurna, Acta populi, Acta publica, Diurna, Acta, Acta urbis, Acta urbana. Die „Volkszeitung" unterscheidet sich von der privilegierten Jahreschronik der Annales darin: sie erscheint täglich, publiziert häusliche und politische Ereignisse; neben allerhand Anzeigen, Berichterstattungen über Schauspiele, Klatsch, Anekdoten stehen Senatskonsulte, Edikte, Volksbeschlüsse, Reden, politische Erörterungen, so daß diese Annalen eine Grundlage für die Ciceronianischen Reden bilden konnten, welche sich oft auf die Zeitungsberichte bezogen: in actis non erat, oder acta etiam totius illius temporis persecutus sum. Die tägliche Publikation erfolgte entweder durch die öffentliche Aufstellung einer Tafel zur Kenntnisnahme aller oder durch die auf gewöhnlichem Material hergestellte Vervielfältigung und Versendung in die vornehmen Häuser Roms, besonders aber nach ganz Italien und in die Provinz, so daß es, wie Cicero (pro Sulla. c. 14. sq.,) schreibt, keinen Ort im römischen Reiche gebe, wohin „sie nicht gelangt seien"[1]).

Durch den Konflikt zwischen Volk und Senat ist das Bedürfnis entstanden, neben den täglichen Volksberichten, die die Interessen der Komitien verteidigten, eine journalistische Vertretung zu schaffen, die die Interessen des Senats wahrnehmen sollte. So entstand die Senatszeitung[2]), Acta senatus diurna. Mit dem Aufhören der Rechte der Komitien, mit der Geheimhaltung aller wichtigen Staatsangelegenheiten in der Monarchie kam auch das Verbot der Veröffentlichung der Senatsprotokolle und der Senatszeitung, und die Acta populi nahmen ein anderes Gepräge an; unter Zensur gestellt, beschränkten sie die politischen Mitteilungen auf ein Minimum, veröffentlichten nur kurze Extrakte aus den Protokollen und wurden Hofanzeiger, indem sie nur Angelegenheiten des Hofes berücksichtigten.

---

[1]) Vgl. Ludwig Friedländer, Darstellungen aus der Sittengeschichte Roms III. Teil. S. 417. — Marquardt, Das Privatleben der Römer. II, S. 806f.

[2]) Die Annales Maximi haben mit dem Jahre 624 (a. u. c.) aufgehört zu erscheinen, während man das Erscheinen der Acta Romani populi mit dem Jahre 695 (a. u. c.) quellenmäßig feststellen kann. Nun sind die Ansichten über die aus Quellen nicht zu erklärende Lücke von 624 bis 695 in der öffentlichen Überlieferung der römischen Tagesereignisse geteilt. Nach den einen fällt die Ent-

Durch eine dritte Art der Anwendung der Schrift, durch den brieflichen Verkehr entsteht die Zeitung im 15. Jahrhundert[1]). Die mündliche Botschaft, die Gespräche und die persönlichen Zusammenkünfte zwischen den Politikern, Kaufleuten und Gelehrten an Orten der Reichstage und politischen Versammlungen, an großen Handelsplätzen und Meßorten, an den Universitäten haben einen gesteigerten schriftlichen Verkehr zur Folge gehabt. Besonders die Politik (die Türkengefahr) und der Handel[2]), (Sicherheit und Gefahr auf Straßen

stehung der Acta Romani in die Zeit des Aufhörens der oberpriesterlichen Annalen, nach den andern ist die Gründung und der Anfang dieses Instituts dem Julius Cäsar zu verdanken. Beide Ansichten gehen aus von der Interpretation folgender Stelle Suetons (Caes. 20): inito honore (sc. Caesar Consul) primus instituit, ut tam senatus, quam populi diurna acta confierent et publicarentur. Nun stützen sich die einen (z. B. Hullermann S. 39—45) auf diese Stelle und nehmen an, daß Cäsar nach dem Antritt seines Konsulats 695 (a. u. c.) gleichzeitig Senats- und Volksakte veröffentlichen ließ, die anderen (z. B. Le Clerc, p. 197, 225, Lieberkühn S. 14, besonders aber Schmidt, S. 308—314) nehmen an, daß der Wortsinn jener Stelle (C. verordnet, daß [fortan] ebensowohl des Senats, wie [bisher schon] des Volkes tägliche Verhandlungen veröffentlicht und aufgezeichnet werden sollen) sich sehr gut mit einer früheren Entstehung jener Akten, also mit der Kontinuität des Erscheinens der römischen Publizität zwischen 624 und 695 (a. u. c.) vereinigen läßt. Da die letzte Auslegung der Stelle Suetons durchaus zwanglos ist und unserem Streben den langen Zeitraum von 624 bis 695 durch eine journalistische Publikation ausgefüllt zu sehen, entgegenkommt, geben wir ihr den Vorzug; dafür sprechen auch einige Zitate der Annales bei Plinius für die Zeit von 695 (a. u. c.) (vgl. die Stellen bei Schmidt S. 309f.). Dies ist anzunehmen, ohne die Echtheit der sogen. Dodwellschen Fragmente anzuerkennen; Dodwell hat nämlich 1692 im Anhang zu seinen „Praelectiones Camdenianae“ einen Kommentar über die römischen Tagebücher von elf Tagen (vom 28. März bis 3. April 585; vom 11. August bis 28. und 29. August 691, endlich vom 1. Mai 698) geschrieben, welche trotz Lieberkühns (Vindiciae librorum iniuria suspectorum) Verteidigung von Le Clerc (261—276) endgültig als unecht nachgewiesen worden sind.

[1]) Zu der Erkenntnis des innigen Zusammenhanges zwischen der Entstehung der Zeitungen und dem brieflichen Verkehr haben folgende Arbeiten beigetragen: R. Grasshof, Die briefliche Zeitung. — Julius O. Opel, Die Anfänge der deutschen Zeitungspresse 1609—1650. „Arch. f. Geschichte des deutschen Buchhandels“. Bd. III. — G. Steinhausen, Die Entstehung der Zeitung aus dem brieflichen Verkehr. „Archiv für Post und Telegraphie“. S. 347ff.

[2]) Die Kaufleute sind im 15. und 16. Jahrhundert als „Zeitungsbewahrer“ bezeichnet worden. „Nicht unbillig, meint v. Beust, weil dieselben bey Gelegen-

und Meer, Ankunft der Schiffe und der Post, Konjunkturen des Handels) sind die Interessengebiete, welche einen starken Briefverkehr hervorriefen. Solche eingehenden Nachrichtenkorrespondenzen gelangten teils als gelegentliche Neuigkeitsmitteilungen in den Brief, teils finden sie sich als „Brief-Nova“ in einer besonderen Rubrik am Schlusse des Briefes, bisweilen treten diese Nachrichten als „pagellae“, „zeddulae“ in einer aus besonderen Blättern bestehenden Briefbeilage auf oder sind in gelegentlichen, endlich in regelmäßigen Zeitungsbriefen enthalten. Das lesebedürftige Publikum beschränkte sich auf einen kleinen Kreis: auf die Höfe der großen Herren, den Kaufmannsstand, den geistlichen Stand und die Professoren der Universitäten. Das Charakteristische dieses brieflichen Nachrichtenverkehrs bestand darin, daß die geschriebenen Neuigkeiten anfangs ausschließlich für diejenige Person, an welche sie der Verfasser geschickt hatte, bestimmt waren; mit der Zeit ließ man dieselben weiter unter Freunden und Standesgenossen zirkulieren oder tauschte gegenseitig mit anderen solche Neuigkeiten aus, so daß der zuerst nur für den einzelnen bestimmte Brief nun allgemeiner zugänglich wurde.

Das Versenden der Korrespondenzen erfolgte in jener Zeit durch Privatboten, durch Boten der Städte, der Korporationen, später durch die Landesposten (Urheber des Postinstituts sind Ludwig XI. durch das Edikt vom 19. Juni 1444 und Karl VIII. durch das Patent vom 27. Januar 1487 in Frankreich, seit 1504 die Taxische Postdynastie in Deutschland[1])). v. Beust berichtet darüber folgendes: „Vor allen anderen kommt der Zeitungen Aufnahme von den Posthäusern her und eben darum und unter anderen Ursachen die Postmeister mit soviel stattlichen Freiheiten begabet, daß von ihnen der Lauf der Welt entlehnt und gleich als aus einen Zeughaus durchgehender Erfahrung genommen werden kann, was hie und da vorgehet“[2]). In der Tat, das Recht der Herausgabe von Zeitungen war

heit ihres Handelns zu Wasser und zu Lande alles, was in denen entferntesten Landen geschieht, oft eher als Kayser und König wissen.“

[1]) Vgl. Fischer, Artikel „Post“ in „Handwörterbuch der Staatswissenschaften“.

[2]) v. Beust, op. cit. III. S. 595.

ursprünglich ein Ausfluß des Postregals, ein Zubehör, welches in dem Pachtvertrag als etwas Selbstverständliches einbegriffen galt, darum nannte man die Postmeister — Zeitungsschreiber[1]).

Das entscheidende technische Moment von weitgehendster Tragweite für die Entwicklung des Preßwesens ist die Erfindung der Buchdruckerkunst[2]), d. h. die Schriftvervielfältigung vermittelst gegossener, einzelner, beweglicher Metalltypen. Man muß zwei Arten von gedruckten Blättern[3]), welche für die Geschichte der beiden Begriffsmerkmale einer Zeitung in unserem Sinne, nämlich des Inhalts und der Periodizität, von Bedeutung sind, unterscheiden. Die Gelegenheitsblätter, die „Relationen", „Lokalrelationen", „Avisen", „Ordinarizeitungen", die „fliegenden Blätter" waren Drucksachen in Briefform, welche gelegentlich irgendeines Ereignisses (Krieg, Feuersbrunst, Mordtat, Krönung, Leichenbegräbnis), an dem Orte erschienen, wo das Merkwürdige geschah, jedoch ohne die Angabe des Ortes, mit dem einzigen Zweck, die Tatsachen-Neugierde der Leser zu befriedigen. Die älteste Relation aus dem Jahre 1493 besitzt die Leipziger Universitäts-Bibliothek. Den Übergang zu den periodischen Schriften bildeten dann die jährlich erscheinenden Kalender und die halbjährlich erscheinenden Meßkataloge (das erste Meßverzeichnis erschien 1564 in Frankfurt a. M., herausgegeben von Georg Wölker). Die Regelmäßigkeit der Erscheinung und die bunte Zusammenstellung des Inhalts sind auch die charakteristischen Merkmale der „Postreuter", welche jährlich erschienen und die Sammlung der Ereignisse eines Jahres (also die

---

[1]) Über die Post als eine wichtige Bedingung des Ursprungs der Zeitung siehe: Ed. Heyck, Die Allgemeine Zeitung 1798—1898. S. 62. 85. 229. — C. Löper, Die Zeitungen und die Post. „Archiv für Post und Telegraphie". Jahrg. 4. S. 591 f. — M. Dumont Schauberg, Geschichte der Kölnischen Zeitung und ihrer Druckerei. S. 5. — C. O. v. Witzleben, Geschichte der Leipziger Zeitung. S. 10. 48. 54. 62. 127. 134. 145. 149.

[2]) Darüber vgl. A. v. d. Linde, Gutenberg. — M. I. Carpow, Vergleichung der Kunst in Erfindung des Schreibens und der Buchdruckerei. S. 3. — Aug. Bernard, De l'origine et des débuts de l'imprimerie en Europe. 2 vols. — Anatole France, J. Gutenberg.

[3]) Siehe das Nähere bei: R. E. Prutz, Geschichte des deutschen Journalismus. S. 100 f. — F. H. Quetsch, Die Entwickelung des Zeitungswesens seit der Mitte des 15. bis zum Ausgang des 19. Jahrh. S. 8 ff.

Sammlung des Inhalts einzelner Relationen) zum Inhalt hatten, und der „Relationes Semestrales", welche halbjährlich von Messe zu Messe wiederkehrten. Die erste bis jetzt bekannte[1]), in regelmäßiger Wochenfolge erscheinende, in Straßburg gedruckte Zeitung ist die in der Heidelberger Universitätsbibliothek befindliche „Relation" (Aller Fürnemmen gedenkwürdigen Historien) vom Jahre 1609, herausgegeben von Johann Carolus. Mit der Druckerkunst hatte man die technische Grundlage und die Vorbedingung für die Entfaltung des geistig-sozialen Lebens gewonnen. Auguste Comte hat Gutenberg in seinem „calendrier positiviste" an die Spitze des Monats, welcher der Industrie gewidmet war, gestellt. Vor einer solchen oder ähnlichen Überschätzung der Buchdruckerkunst muß man sich vielleicht hüten[2]). Andere Momente äußerer und innerer Art hatten

---

[1]) Die Entscheidung der Prioritätsfrage über die erste gedruckte Zeitung in unserem Sinne begegnet außerordentlichen Schwierigkeiten. Die Zufälligkeit der archivalischen Entdeckung des historischen Dokuments, die Möglichkeit, daß gerade das erste entscheidende Dokument nicht erhalten geblieben ist, und die schwankenden Begriffsbestimmungen der Zeitung im modernen Sinne spielen hierbei eine große Rolle. Fast alle Kulturländer nehmen die erste Zeitung für sich in Anspruch. Die größte Wahrscheinlichkeit spricht für Belgien, da die Verleihung eines Druck- und Zeitungsprivilegiums (an den Buchhändler Abraham Verholven) 1605 der zeitlich früheste urkundliche Nachweis für das Bestehen einer Zeitung ist. So berichtet Hatin 1865 (Les Gazettes de Hollande et la Presse clandestine aux XVIIe et XVIIIe siècles, Paris 1865 p. 51, vgl. auch G. le Poittevin, Traité de la Presse, T. I p. 51), während er 1859 (Histoire politique, vol. I p. 20, 72) die Priorität Frankreichs (die „gazette" von Renaudote v. 30/3. 1631) zugab. Dagegen kommt das erste vorhandene Exemplar aus Deutschland; es ist die im Texte erwähnte von Opel entdeckte Straßburger Zeitung v. 1609. Die Berufung der Italiener auf den italienischen Ursprung der „gazetta" (gazetta, eine kleine Geldmünze, war der Verkaufspreis der Blätter — die gegenteilige Ableitung des Wortes gazetta von dem Hebräischen izgard-nuntius, dürfte kaum diskutierbar sein, vgl. Hatin, Hist. polit. vol. I, p. 21) — beweist nichts für die Prioritätsfrage. Die von den Engländern aufgefundene Zeitung „The English Mercure" v. 1582 ist von Th. Watts (A latter to Ant. Panizzi on the reputed earliest printed newspaper, The English Mercure, London 1839) als eine „avec beaucoup d'habilité pour les besoins de la cause" (Hatin, Gazette de Hollande, p. 50) fabrizierte Fälschung nachgewiesen worden.

[2]) I. Christ. Freiherr von Aretin hat in seiner lesenswerten Schrift: Über die frühesten universalhistorischen Folgen der Erfindung der Buchdruckerkunst,

neben ihr dazu geführt, daß sie ein neues Zeitalter menschlicher Entwicklung einleitete. Die fabrikmäßige Herstellung des Papiers (seit 1340 in Italien, 1390 in Nürnberg, 1797 Erfindung der Papiermaschine) hat das Druckverfahren vereinfacht; Fr. v. Schlegel behauptete sogar, daß die „vornehmste Ursache von dem außerordentlichen Wachstum der Presse in der Wohlfeilheit des Papiers zu erblicken sei"[1]. Die Erfindung der Schnellpresse durch König (1811), welche durch die Ermöglichung der Herstellung einer großen Quantität von Abzügen bei besserer Qualität für das Zeitungswesen dasselbe bedeutet, was Gutenbergs Erfindung für das Schreibwesen bedeutete; die Vermehrung der Druckzylinder und die Erfindung der Rotationspresse (1876) haben die Druckmechanik völlig umgestaltet. Das Aufkommen endlich des neuen Schnellverkehrswesens (Eisenbahn, elektrischer Telegraph, Telephon, Kabel, Schnelldampfer) hat das Preßwesen gewaltig gefördert.

So haben wir, wenn auch nur in skizzenhafter Form, die Mittel betrachtet, die die Befriedigung des „Neuigkeitsbedürfnisses" ermöglichen. Nachdem so gewissermaßen die Basis gewonnen ist, soll in derselben gedrängten Art auf die be-

---

die Versuche einer kritiklosen Würdigung der Buchdruckerkunst mit Witz ironisiert. „Beinahe unzählig, schreibt er, sind die Werke, welche uns die Typographie über ihr eigenes Entstehen geliefert hat . . . Dessen ungeachtet lassen sie uns doch noch immer eine philosophische Geschichte dieser wichtigen Kunst und ihrer Folgen vermissen. Entweder polemisieren sie über den Ort, die Urheber und die ersten Produkte der Erfindung, oder sie schränken sich auf allgemeine Lobsprüche ihres Nutzens ein . . . So finden wir einen Jubelredner, der seinen Sermon in folgende zwei Teile zerlegt: I. Teil, die Buchdruckerkunst hat viel Gutes gestiftet, II. Teil, Sie hat viel Böses verhindert . . . Ein anderer, von besserem Sinne, benutzt seinen Gegenstand zu Gleichnissen und Antithesen wie folgende: aus der Buchdruckerschwärze ist das reinste Licht hervorgegangen ... durch die Buchdruckerei werden die Geister der Gelehrten wie Mumien für die Wissenschaft einbalsamiert. . . . . ."

[1]) Zitiert bei F. A. Löffler op. cit. S. 34. — Vgl. v. Schullern, Art. „Papier" in Handwörterbuch der Staatswissenschaften. — F. H. Meyer, Papierfabrikation und Papierhandel. „Arch. für Gesch. d. deutsch. Buchhandels", Bd. XI (S. 283 ist in diesem Aufsatz folgendes zu lesen: „Die Fabrikation des Leinenpapiers läßt sich sogar in gewisser Hinsicht als ein Gradmesser der Kultur bezeichnen.") — J. G. J. Breitkopf, Über die Einführung des Leinenpapiers. S. 45—125. — Quetsch, loc. cit. S. 63.

wegenden Kräfte hingewiesen werden, welche in dieser zunächst vorhandenen Publikationsform ihre Betätigungsmöglichkeit fanden, und dadurch dann die Presse als ihr Publikationsorgan notwendig machten. Es sind vor allem zwei geistige Bewegungen, die humanistische Renaissance, die erste große Betätigung des modernen Geistes, und die Reformation, unter deren Einflüssen und Impulsen sich die Presse neugestaltet hat. Der Absatz von Luthers Schriften in dieser lebhaft bewegten Zeit bedeutet die erste buchhändlerische Massenproduktion, alle seine Erstlingsschriften erlebten acht und mehr Auflagen innerhalb eines Jahres[1]), die von Luther planmäßig herausgegebenen billigen Flugschriften von wenigen Bogen traten massenhaft auf. Luther ist als der erste anzusehen, welcher von der Erkenntnis der Wichtigkeit der Presse als Mittel der Propaganda durchdrungen war.

Die Schulpflicht, die Ausbreitung der Schriftkunde in der Bevölkerung und der allgemeinen Volksbildung; volkswirtschaftliche Momente, wie die Entwicklung des Handels und der organisierenden und disponierenden Tätigkeit des kapitalistischen Unternehmertums; die Zunahme der Bevölkerung der Städte; politisch-staatsrechtliche Ereignisse, wie die französischen Revolutionskämpfe von 1789, die Verfassungs- und Freiheitsbewegungen von 1848, die Einführung des Verfassungsstaates und des parlamentarischen Repräsentationssystems; die Nationalitätsidee; die Anerkennung der Öffentlichkeit im Strafverfahren — sie müssen als die wichtigsten Umstände und Faktoren, welche den Entwicklungsgang des Preßwesens fernerhin bestimmt haben, erwähnt werden.

Aus der bisherigen Analyse der gegenseitig sich beeinflussenden Bedingungen des Ursprungs der „Presse" ergibt sich, daß dies Institut ein notwendig gewordenes ist. Wir versuchen nun

[1]) Heinrich Meisner und Joh. Luther, die Erfindung der Buchdruckerkunst. — F. A. Pischon. Kurze Geschichte der Erfindung der Buchdruckerkunst und ihres segensreichen Einflusses. S. 9. — Fr. Kapp. Geschichte des deutschen Buchhandels bis in das 17. Jahrhundert. S. 413. („Jene Übersetzung, welche Luther auf der Wartburg vollendete, wurde innerhalb dreier Monate [5000 Ex. starke Auflage] abgesetzt, so daß bereits im Dezember 1522 eine neue Ausgabe veranstaltet werden mußte". S. 413.)

im nächsten Abschnitt die Begriffsbestimmung dieses Gewordenen zu geben und seine allgemeine rechtliche Regulierung zu erörtern.

B. Begriff des Preßinstituts und dessen rechtliche Regulierung.

Um zu einer Definition des heutigen Buch- und Zeitungswesens zu gelangen, wollen wir zunächst die konstitutiven Elemente des Begriffs der sog. periodischen Presse, anknüpfend an die durch die Kulturgeschichte gelieferten Merkmale, aus der tatsächlichen Erscheinung der „Presse“ ableiten und die wichtigsten Legaldefinitionen der einzelnen Preßgesetzgebungen, sowie die Ansichten der Literatur betrachten.

Die verschiedenen Erscheinungsformen der Presse, der Inhalt und der Zeitraum zwischen den einzelnen erscheinenden Nummern weisen auf die Begriffskennzeichen des heutigen Preßwesens hin. Die „gepfiffene“, gesprochene, geschriebene und die gedruckte Zeitung sind die Hauptformen der Publizistik gewesen; der Wirkungskreis dieser Publikationsformen, der Umfang der Öffentlichkeit ist jedesmal — wie aus dem vorigen Abschnitt zu ersehen ist — ein anderer gewesen, weil er vor allem durch das Veröffentlichungsmittel Wort, Abschrift oder Druck bedingt war. Der Inhalt solcher Publizistik war zuerst ein trockener, ohne Kommentar erzählender, tatsächlich berichtender, und zwar erzählten die Gelegenheitsblätter stets nur ein irgendwo für wichtig gehaltenes Ereignis gleich nach seinem Geschehen, die römischen geschriebenen Zeitungen, sowie die geschriebenen Zeitungen des 15. und 16. Jahrhunderts berichteten über mannigfachere Sachen, die „Annales maximi“, „die Kalender“ und „Postreuter“ sammelten die in einem Jahre verflossenen wichtigen Ereignisse. Die gedruckte Einzelzeitung und die Straßburger Wochenzeitung von 1609 stellen die extremsten Typen eines zeitlich bedingten Erscheinens der Publizistik dar; während bei der ersten die einzelnen Exemplare unabhängig aufeinander folgten, erschienen die letzten in einer periodischen geregelten Wochenfolge unter der einheitlichen Leitung eines Herausgebers, Carolus.

Es sind drei Interessensphären, welche heute von der Presse angeregt und befriedigt werden; wirtschaftliche, geistig-soziale und politische; die Interessenten, welche an dem Gedeihen des Preßwesens mitwirken, sind: das Individuum, die Gesellschaft und der Staat. Der Schutz vor der Verletzung der drei Interessensphären dieser Interessenten durch die Presse ist rechtlich geregelt. Im folgenden dürften nun zunächst diese Interessensphären, sodann ihr rechtlicher Schutz näher zu charakterisieren sein[1]).

[1]) Berner hat die Zeitung den „Pulsschlag des Zeitgeistes" genannt (op. cit. S. 207), und in der Tat, daß die Zeitung den „Spiegel eines Zeitabschnittes", ein „Produkt der Kulturverhältnisse" bildet, ist zum Gemeinplatz geworden. J. G. Droysen (Die Zeitungen im ersten Jahrzehnt Friedrichs des Großen. Ein Beitrag zur Quellenkritik. „Zeitschrift für preußische Geschichte und Landeskunde" S. 1) hat als erster mit Recht auf die bis jetzt wenig anerkannte, jedoch grundlegende quellenkritische Wichtigkeit der Zeitungen für kulturhistorische Forschungen hingewiesen. Die Forschungen über das Preßwesen und seine Geschichte sind entweder rein deskriptiv-historisch oder bibliographisch und topographisch und enthalten nur mehr oder weniger interessante Sammlungen kulturgeschichtlicher Kuriositäten. Von den erwähnenswerten Schriften über die Geschichte des deutschen Preßwesens seien hier genannt: Archiv für Geschichte des deutschen Buchhandels XX. Bd. (Bd. I [1878] S. 1—15. Zur Einführung. Literaturangaben von F. H. Meyer.) — Fr. Kapp, Geschichte des deutschen Buchhandels bis in das 17te Jahrh. — R. E. Prutz, Geschichte des deutschen Journalismus. — Ludwig Salomon, Geschichte des deutschen Zeitungswesens. 3 Bd. — Über die Geschichte des französischen Preßwesens ist zunächst Eug. Hatin, Histoire politique et littéraire de la Presse en France, rühmlich zu erwähnen, vgl. auch Henri Avenel, Histoire de la Presse française, depuis 1789 jusqu'à nos jours. — Über die des englischen und amerikanischen: M. Cucheval-Clarigny, Histoire de la Presse en Angleterre et aux États Unis. — J. Grant, The Newspaper Press: its origine, progress, and present position. 3 vols. — Julius Duboc, Geschichte der englischen Presse, nach Grant. — Eine vortreffliche Orientierung über die gegenwärtige englische Presse gibt neuerdings Th. Lorenz, „Die englische Presse". — Über die holländische Presse im 17. und 18. Jahrhundert: Eugène Hatin, Les Gazettes de Hollande et la Presse clandestine aux XVIIe et XVIIIe siècle. — Eine knappe „Allgemeine Geschichte des Zeitungswesens" gibt L. Salomon. — Bedeutend belehrender für die Bedeutung der Zeitungen als Dokumente von literarischer, politischer, volkswirtschaftlicher und rechtsgeschichtlicher Bedeutung sind die verschiedenen Monographien über einzelne Zeitungen, welche in der neueren Zeit bei Gelegenheiten von Zeitungsjubiläen herausgekommen sind, obwohl auch sie in der Regel nur reichliche biographische Notizen über ihren Begründer enthalten. Folgende Monographien gehören dazu: H. Al. Oppermann, Die Göttinger Gelehrten. — C. D. v. Witzleben, Geschichte der Leipziger Zeitung. — M. Dumont Schauberg, Geschichte der Kölnischen Zeitung und

Das Preßinstitut bedeutet eine wirtschaftliche Interessenvertretung und Förderung für den Leser-Konsumenten durch sein Nachrichten- und Anzeigewesen; durch die Waren- und Handelsnachrichten, die Ernte- und Marktberichte des Nachrichtenteils ist es ebenso ausschlaggebend für die Warenpreisbildung, wie durch die Bekanntmachung der Kurszettel, Wechselkurse, Börsenberichte für den Börsenverkehr, durch die Ausbildung des Annoncenwesens ein Mittel der Konkurrenzregulierung, welches Angebot und Nachfrage ermöglicht und deren Befriedigung fördert[1]). Die fabrikmäßig erzeugten billigen

ihrer Druckerei. — Jubiläums-Zeitung. Festnummer zur Erinnerung an das 100jährige Bestehen des „Hamburgschen Correspondenten". — Otto Elben, Geschichte des Schwäbischen Merkurs. — Le livre du centenaire du Journal des Débats. 1789—1889. — Fr. Teutsch, Zur Geschichte des deutschen Buchhandels in Siebenbürgen, „Archiv f. Gesch. d. deutsch. Buchhandels". Bd. III, VI, XV. — 150 Jahre Schlesische Zeitung 1742—1892. — E. v. Zender, Geschichte der Wiener Journalistik von den Anfängen bis zum Jahre 1848. — W. Stieda, Studien zur Geschichte des Buchdrucks und Buchhandels in Mecklenburg. „Arch. f. Gesch. d. deutsch. Buchhandels", Bd. 17, S. 119—325. — K. Lohmeyer, Geschichte des Buchdrucks und Buchhandels im Herzogtum Preußen. „Arch. f. Gesch. d. deutsch. Bächhandels", Bd. 18, S. 29—140. — W. Stieda, Die Anfänge der periodischen Presse in Mecklenburg. „Arch. f. Gesch. deutsch. Buchhandels", Bd. 19, S. 60—178. — Manuel Chaves, Historia y bibliografia de la prensa sevilliana. — Alex Faber, Die Fabersche Buchdruckerei (die Fabersche Buchdruckerei hat seit 1740 die Magdeburgische Zeitung verlegt). S. 5. — Ed. Heyck, Die Allgemeine Zeitung. — J. A. Jørgensen, Den Danske Dagespresse. — Knorr und Hirth, Rückblicke und Erinnerungen. — Otto Kuntzemüller, Hannoverscher Courier. — Carl Eichhorn, Die Geschichte der „St. Petersburger Zeitung". — Franz Dieudonné, Die Kölnische Zeitung und ihre Wandlungen. (Tendenziös!) — Ernst Consentius, Die Berliner Zeitungen bis zur Regierung Friedrichs des Großen. — A. G. Przedak, Geschichte des deutschen Zeitungswesens in Böhmen. — A. Buchholz, Die Vossische Zeitung. — H. C. Brockhaus, Die Firma F. A. Brockhaus. — Geschichte der „Frankfurter Zeitung". — Eine wertvolle methodische Erforschung des Preßwesens und seiner Geschichte bieten die folgenden drei Arbeiten: Karl Bücher, Entstehung der Volkswirtschaft, S. 249. — Karl Bücher, Das Zeitungswesen, S. 401. — E. Löbl, Kultur und Presse. — Zur Einführung siehe Neukamp, Art. „Zeitungen, Zeitungswesen, Zeitungsanzeigen" im Handwörterbuch der Staatswissenschaften. An diese drei Arbeiten lehnen sich im wesentlichen folgende Grundrisse an: R. Brunhuber, Das moderne Zeitungswesen, und T. Kellen, Das Zeitungswesen.

[1]) Siehe über das Inseratenwesen folgende Arbeiten: Ludwig Munzinger, Die Entwicklung des Inseratenwesens in den deutschen Zeitungen. — R.

Massenproduktionen [1]) im Zeitungswesen haben die Massenorganisation der geistig-sozialen und politischen Überzeugungen ermöglicht. Mit der Herstellung von Zeitungsmassenprodukten steht im Zusammenhang eine über die Grenzen einzelner Länder hinausgehende, schnelle, tiefgreifende Wirksamkeit der Zeitungen, welche sich auf einen größeren Leserkreis, auf das „Publikum" erstreckt; und zwar geschieht dies durch Leitartikel [2]), Erörterungs- und Erläuterungsdebatten über die Tagesereignisse und Feuilleton [3]) resp. Beilagen.

Die Zeitung ist Träger der geistigen Interessen, der Meinungen ihres Leserkreises, insofern sie auf die Wünsche und die das Publikum interessierenden Ereignisse Rücksicht zu nehmen hat; sie ist aber zugleich Leiter dieser Meinungen und

---

Schmölder, Das Inseratenwesen ein Staatsinstitut. — Hjalmar Schacht, Die Entstehung des Zeitungsanzeigewesens. „Beilage zur Allgemeinen Zeitung." — Die Kapitel über die Geschichte des Handelsteils (verfaßt von Ludwig Cohnstaedt) und der Bank-, Börsen- und Aktiengesetzgebung (von Arthur Feiler) des schon erwähnten Werkes über die „Frankfurter Zeitung" legen Zeugnis ab für die Bedeutung einer Zeitung für die Volkswirtschaftspolitik eines Landes. — Die nationalökonomische Bedeutung der Zeitung ist namentlich von Knies, Der Telegraph S. 60—74 betont worden. — Vgl. auch Paul Mellotée, Histoire économique de l'imprimerie und die zwei Arbeiten von W. Koehler, Zur Entwicklungsgeschichte des Buchgewerbes — Geschichte des literarischen Lebens.

1) Auch das Buch ist als Massenprodukt anzusehen, wie richtig K. Bücher (Der deutsche Buchhandel und die Wissenschaft) festgestellt hat. Ihm stimmt K. Trübner (Wissenschaft und Buchhandel, S. 6) zu; nicht stichhaltig ist, was R. L. Prager (Die „Ausschreitungen" des Buchhandels, S. 11) dagegen meint.

2) Der Leitartikel fand Aufnahme mit dem Hervortreten der Parteistandpunkte der Zeitungen. Charakteristisch ist ein Schreiben Cottas an Zedlitz darüber vom 11. April 1847. „Ihre Ansicht, daß die Allgemeine Zeitung sich jetzt als Macht gerieren und mit täglichen leitenden Artikeln vorgehen müsse, kann ich nicht teilen. Die Allgemeine Zeitung hat die leitenden Artikel von jeher geradezu ausgeschlossen, und zwar aus dem einfachen Grunde, daß sie sich nie über die Geschichte stellen zu dürfen glaubte ..... Sollte sie von dieser Linie sich entfernen und versprechen, selbst Geschichte zu machen, die Geister in diese oder jene Richtung hineinzuziehen durch irgend welche Redaktionsweisheit?" (Ed. Heyck, op. cit. S. 275.) Vgl. bei v. Witzleben, op. cit. S. 51 66, scharfe Rügen wegen räsonierender Artikel.

3) Zuerst um 1800, in Frankreich eingeführt. Vgl. die sehr feuilletonistischen „Beiträge zur Geschichte des Feuilletons" von E. Eckstein.

Interessen, insofern sie durch die Polemik und Debatten darüber das Publikum zu beeinflussen bestrebt. Le journaliste est une pensée en marche, sagt Balzac.

Die planmäßige Willensbeeinflussung des Publikums bedurfte jedoch einer inneren Organisation — diese wurde durch das Institut der Redaktion geschaffen. In der Zeit der Nachrichtenpresse war der Veleger zugleich Redakteur und Nachrichtensammler — wie im 15. und 16. Jahrhundert der Postmeister zugleich Zeitungsverleger war. Ein Beispiel: der „Schwäbische Merkur", welcher seit 1848 Leitartikel von Professor Heyp, Uhland, Fr. Strauß, A. Schäffle, Ed. Zeller veröffentlichte, hatte von 1785 bis 1802 den Geschäftsleiter und Redakteur in derselben Person, Professor Elben, vereinigt[1]) gehabt. Darum wurde in dieser Zeit der Zeitungsverleger oder Zeitungsschreiber als Verfasser des ganzen Inhalts der Zeitung angesehen. So ist ein Schreiben des „Kölnischen Maire" am Anfang des 19. Jahrhunderts an den Besitzer der Kölnischen Zeitung, Du Mont-Schauberg, mit der Adresse: „An den Verfasser der Kölnischen Zeitung" bekannt[2]), und auch der Redakteur, der von Cotta in 1797 herausgegebenen „Neuesten Weltkunde" war deren „Verfasser"[3]). Der Differenzierungsprozeß im Zeitungswesen — welcher mit der Trennung der Verwaltung der Zeitung von der Postanstalt einsetzt, und bis zu der vierfachen Differenzierung der Zeitungsfunktionen in eine referiende, räsonierende, volkswirtschaftlich-vermittelnde und feuilletonistische gelangt — und die damit verbundene Arbeitsteilung hat den Zeitungsdienst kompliziert. Die einheitliche literarische Leitung liegt heutzutage in der Hand eines Chefredakteurs, daneben aber funktioniert eine vielgliedrige Redaktion, ihnen gliedern sich die Korrespondenten, die ständigen und sporadischen, gegen Entgelt und unentgeltlich tätigen Mitarbeiter an[4]).

---

[1]) „Bis 1802 hatte Prof. Elben alles allein gearbeitet, in diesem Jahre trat der erste Buchhalter ein", Otto Elben op. cit. S. 45.

[2]) M. Dumont-Schauberg. op. cit. S. 8.

[3]) Ed. Heyck, op. cit. 47. (S. 90: Man kannte damals die Bezeichnung Redaktion noch wenig, und gar der „Chefredakteur").

[4]) Vgl. R. Jacobi, Der Journalist. S. 113f. — J. H. Wehle, Die Zeitung, ihre Organisation und Technik. S. 20f.

Durch die geistige Wirksamkeit der Presse, den kontinuierlichen nachhaltigen Einfluß des Gedruckten auf die Leser, die große Suggestivkraft der gedruckten, fertigen Urteile und Ansichten, die wie selbstverständliche Wahrheiten aussehen, hat sich die Presse zu einer politischen Macht heraufgearbeitet, sie ist eine selbständige Potenz im öffentlichen Leben, ein unerläßliches propagandistisches Mittel in der Lebensbetätigung der Parteien geworden. Die Presse ist von altersher zu politischen und kirchlichen Zwecken angewendet worden, es ist nur zu erinnern an die römischen geschriebenen Staatszeitungen, welche schon ein administratives Instrument bildeten, oder an die Preßentfaltung während der Reformationsbewegung. Als die beste Veranschaulichung für die Abhängigkeit der Preßgesetzgebung von der politischen Umwälzung eines Landes geben wir im Anhang dieser Arbeit die Geschichte der französischen Preßgesetzgebung seit dem Beginn der ersten Revolution bis zu der letzten Preßgesetzgebung der jetzigen dritten Republik von 1881; die einfache Aufzählung der fast jährlich promulgierten Preßgesetze und Verordnungen spiegelt die ganze tumultuarische französische Staatsgeschichte wieder. Heutzutage hat die „Presse“ eine solche Ausdehnung gewonnen und eine solche Wichtigkeit für das gesamte öffentliche Leben erlangt, daß wohl Schlagwörter, wie das, daß die Presse die sechste Großmacht ist, gerechtfertigt erscheinen. Der Staat, die Kirche, die Parteien haben ihre „Presse“; es genügt hier hinzuweisen auf die offiziellen und offiziösen Regierungsblätter, die Gesetzesblätter, in denen die Gesetze publiziert werden müssen, um in Kraft zu treten[1]), schließlich auf die katholische Presse, für deren Pflege sich in Düsseldorf 1879 ein besonderer Verein gegründet hat[2])

---

[1]) Vgl. Gierke, Grundzüge des deutschen Privatrechts. „Enzyklopädie“ hrsg. v. Holtzendorff — Kohler Bd. I (S. 442: der Druck ist in bestimmten amtlichen Blättern zur allein wirksamen Verkündigungsform erhoben, seit 1807 in Württemberg, seit 1810 in Preußen).

[2]) Eine sehr interessante und belehrende Auskunft darüber gibt die folgende Literatur: Bachem, „Presse“ Art. in Staatslexikon hrsg. v. der Görres-Gesellschaft. — K. v. Heerdach. Katholik und Kirche, oder praktische Preßförderung. — Wörl, Katholische Presse in Europa. — Wörl, Weltrundschau über die

und auf die im Mittelpunkt der sozialdemokratischen Agitation stehende Parteipresse[1]).

Das zahlreich gegliederte Zeitungspersonal, die billige Massenproduktion und der sonstige Apparat der Presse haben die Organisation im Zeitungswesen als kapitalistiche Unternehmung notwendig gemacht. Wie überall hat nun das Großkapital auch dem Zeitungsunternehmen seine Aufmerksamkeit in erhöhtem Maße zugewendet, so daß man eine Zeitung durch Technik, glänzenden Informationsdienst, reich bezahlte schriftstellerische Leistungen nach denselben Grundsätzen wie irgend ein anderes geschickt geleitetes Unternehmen führt[2]). Mit dieser Geschäftspresse hat der bisherige Entwicklungsprozeß der Presse ihren Abschluß bekommen. Die am Anfang ihrer Entwicklung objektiv informierende Presse wurde durch die Reformation, durch die englische Revolution von 1649, die französische Revolution von 1789 immer mehr eine räsonierende, subjektivistische Parteipresse, um schließlich in unserem großkapitalistischen Zeitalter ein kapitalistisches Großunternehmen zu werden, welches Informationszwecke und tendenziöse Bestrebungen mit den Errungenschaften der Technik und dem kapitalistischen Unternehmungsgeiste zu einem einheitlichen Ganzen verbindet und organisiert[3]).

---

katholische Presse. — Keiter, Handbuch der katholischen Presse Deutschlands, Österreichs, der Schweiz, der Vereinigten Staaten. — Frizenschaf, Führer durch die periodische Presse der deutschen Katholiken.

[1]) Vgl. etwa den Bericht des sozialdemokratischen Parteivorstandes an den Parteitag zu Mannheim. Berlin. 1906. S. 35f.

[2]) Siehe etwa Gustav Schmidt (Kauf, Gründung und Finanzierung von Zeitungen und Zeitschriften). Er versucht einige geschäftliche Grundsätze zu geben, wie man durch die Herstellung und den Verkauf von bedrucktem Papier den größten möglichen Gewinn herausschlagen kann.

[3]) Eine statistische Bearbeitung der materiellen Produktivkräfte, sowie des Umfangs des Absatzes, der Häufigkeit des Erscheinens auf dem Lande und in den Städten, der Art des Inhalts (ob politisch, wissenschaftlich oder belletristisch), der Parteirichtungen der Blätter würde wichtige Anhaltspunkte für die wirtschaftliche Bedeutung (nach der Seite der Produktion und Konsumtion), und die geistige und politische Wirksamkeit dar Presse, die oben angedeutet worden sind, geben. Vorbildlich für eine Verarbeitung des statistischen Materials der Presse ist die Arbeit des Herausgebers der „Zeitschrift des K. sächsischen

Welches sind nun die Begriffsmerkmale des heutigen Zeitungswesens, die uns die Nominaldefinitionen der Pressgesetzgebung und die Ansichten der Literatur geliefert haben? Das französische Preßgesetz vom 9/10/6. 1819 definiert die periodische Presse: „Tout écrit paraissant soit à jour fixe, soit par livraisons et irrégulièrement, mais d'une fois par mois." Das österreichische Preßgesetz von 1864 fordert als Zeitungsmerkmal wenigstens das einmalige Erscheinen im Monat, wenn auch in ungleichen Zeitabschnitten (§ 7); ebenso verlangt das deutsche Preßgesetz vom 7/5. 1874 von der periodischen Presse, daß sie mindestens in monatlichen Fristen erscheint (§ 7)[1]. Chassan[2]) findet die Fundierung des Zeitungsbegriffs in der Einheitlichkeit des Unternehmens, in der inneren Kontinuität zwischen den einzelnen Nummern: „on donne le nom du journal à tous les écrits, quelques soient le mode et l'époque de leurs publications successives qui par leur titre, leur plan et esprit forment un ensemble et un tout". Hierzu ist zu bemerken, daß der Titel allein für die Einheitlichkeit des Unternehmens nicht maßgebend ist, „es unterliegt keinem Zweifel", sagt v. Liszt[3]), „daß trotz des geänderten Titels die angeblich neue Druckschrift sich als eine Fortsetzung der alten charakterisieren kann". Maßgebend für die periodische Presse ist die Möglichkeit der Fortsetzung des Erscheinens einer Druckschrift auf unbestimmte Zeit, im Unterschiede etwa von einem Lieferungswerk, welches

---

statistischen Bureaus" zu nennen: — Zur Statistik des Zeitungswesens im Königreich Sachsen am Schlusse des Jahres 1866 (Jahrg. XIII. Dresden 1887. S. 2—8, 49—51). — Vgl. auch: le Comte Daru, Notions statistiques sur la librairie pour servir à la discussion des lois sur la presse. — J. L. Piccardi, Saggio di una storia Sommaria della Stampa Periodica. „Annali di Statistica". Ministero di Agricoltura Industria e Commercio. (Gibt vergleichende statistische Daten über das Preßwesen aller Kulturländer, mit Erläuterungen dazu). — Hjalmar Schacht, Statistische Untersuchungen über die Presse Deutschlands. „Jahrbuch für Nationalökonomie und Statistik". S. 503—525.

[1]) Für die Legaldefinition der Zeitung im italienischen Recht, vgl. O. Manfredi. Il diritto penale della stampo. p. 234.

[2]) Chassan. Traité des délits et des contreventions de la parole, de l'écriture et de la presse. p. 123.

[3]) Lehrbuch des österreichischen Preßrechts. S. 330.

in Heften oder Lieferungen in einer bestimmten Zeit erscheint und ein in sich abgeschlossenes Ganzes darstellt.

Prutz[1]) legt bei der Begriffsbestimmung der Zeitung Gewicht auf die Aktualität des Inhalts, er meint, die Zeitung stellt ein „Selbstgespräch" dar, welches die Zeit über sich selbst spricht. „Man konstruiere sich", schreibt Löbl, „ein literarisches Erzeugnis, das in gleichmäßigen Intervallen, wöchentlich oder täglich, erscheint, Gleichmäßigkeit des Inhalts und des Titels aufweist, das aber seine Spalten mit Bibelstellen oder Klassikerzitaten oder mit historischen Exkursen ausfüllt — und man hat den zwingenden Beweis dafür, daß eine Zeitung ohne Aktualität des Inhalts keine Zeitung ist"[2]). Unserer Bestimmung des Aktualitätsbegriffs gemäß ist diese Auffassung der Aktualität als Neuigkeit von Ereignissen durch diejenige, welche das aktuelle Interesse für die Ereignisse und für den Inhalt einer Druckschrift betont[3]), zu ersetzen; es ist wohl denkbar, daß eine mit historischen Exkursen von allgemeinem Interesse erfüllte Schrift periodisch erscheinen und aktuell sein kann. Die obigen Begriffselemente der Zeitung und dazu als ein weiteres: die Absicht der Veröffentlichung[4]) enthält die englische Definition des „Act of 1881". Was ist eine Zeitung? fragt sich das Gesetz. Und es antwortet darauf: „The word „newspaper" shall mean any paper containing public news, intelligence or occurrences, or any remarks or observations thee in printed for sale, and published in England or Ireland periodically, or in parts or numbers at intervals not exceeding twenty-six days between the publication of any two such papers, parts or numbers." Das Gesetz formuliert ferner die Definition der Zeitung: „any paper printed in order to be dispersed and made public weekly or oftener, or at intervals not exceeding twenty-six days, containing only or principally advertisements"[5]).

[1]) op. cit. S. 61.

[2]) op. cit. S. 18.

[3]) vgl. oben. S. 6.

[4]) Daß dieses Element auch nach dem deutschen Preßrecht für den Begriff der Zeitung erforderlich ist, vgl. unten unter dem Abschnitt „Druckschrift".

[5]) The Newspaper Libel and Registration Act., 1881 (44 et 45 Vict. v. 60). George Elliott, The Newspaper libel and Registration Act. 1881. p. 57.

Es handelt sich nun darum, das gegebene Objekt „Zeitung“ so zu bezeichnen, daß es alle begriffsnotwendigen Merkmale, welche die Benennung leiten und es von allen anderartigen Objekten sicher unterscheiden, vereinigt. Es ist aber klar, daß dies, wie schon erwähnt worden ist, nur auf Grund der Erkenntnis des Entwicklungsganges und Zustandes des Objekts, unter Berücksichtigung der rechtlichen und literarischen Auffassung desselben geschehen kann. Hiernach wären folgende Merkmale für die Begriffsbestimmung des Zeitungswesens im heutigen Sinne notwendig:

1. Kontinuität (resp. Regelmäßigkeit des Erscheinens in höchstens monatlichen Zeitintervallen. — Periodizität); 2. Inhalt von allgemeinem Interesse (Aktualität im oben erörterten Sinne); 3. endlich Absicht eines öffentlichen Zugänglichmachens (darum Veröffentlichung auf dem Wege der mechanischen Vervielfältigung. — Publizität).

Nicht als essentialia constitutiva für den Zeitungsbegriff sind nun die Mannigfaltigkeit des Inhalts[1]) und die gewerbsmäßige Herstellung einer Zeitung[2]) anzusehen, weil das Bestehen, der Wert und die Bedeutung einer Zeitung als solcher nicht von ihnen abhängt. Das Merkmal der Mannigfaltigkeit kommt nur als accidentale und nicht als essentiale bei der Begriffsbestimmung der Zeitung in Frage, weil es beispielsweise nicht bei jenen Zeitungen zutrifft, welche reine politische Zwecke verfolgen und darum nur politische Leitartikel enthalten, nur politische Neuigkeiten bringen; das Merkmal der gewerbsmäßigen Herstellung ist nicht als essentiale anzusehen, weil eine Zeitung ein Erwerbsgeschäft sein kann — „in den meisten Fällen wird gewerblicher Gewinn beabsichtigt und erreicht“[3]) — aber sie braucht es nicht notwendig zu sein. Das Eigentümliche einer Unternehmung ist, neben der Vereinigung der produktiven Kräfte (Arbeit, Kapital, Natur) zum Zwecke der Produktion (und des Absatzes) von Tauschwerten für fremden Bedarf, die

---

[1]) Dies fordert beispielsweise Löbl (op. cit. S. 19).

[2]) Vgl. L. Munzinger. op. cit. S. 6.

[3]) v. Liszt. Rechtslexikon, hrsg. v. Holtzendorf Bd. 3. Artikel „Redakteur“ S. 309.

Aussicht auf Gewinn, den sogenannten Unternehmergewinn, den man in der volkswirtschaftlichen Literatur als das Gehalt des „volkswirtschaftlichen Beamten“, des Unternehmers aufgefaßt hat; nun gibt es wohl noch viele Zeitungen, welche politische literarische und künstlerische Grundsätze verteidigen, ja eine Gesinnung zum Ausdrucke bringen, also nicht zum Zwecke des Gewinns als Erwerbsquelle herausgegeben worden sind. Die Geschäftspresse bildet wohl nur eine Art des Gattungsbegriffes „Zeitung“.

Eine Zeitung als solche ist nichts anderes als „eine jedermann gegen Zahlung zugängliche, somit verkäufliche Ware“ — so hat eine Entscheidung des österreichischen Oberhofes[1]) den Zeitungsbegriff formuliert; es liegt bei dieser Begriffsbestimmung offenbar eine Verwechslung vor zwischen der Zeitung als solcher und dem einzelnen Zeitungsexemplar, dem Zeitungsprodukt. Man hat ferner die Zeitung nach der Analogie der Handelsfirma zu konstruieren versucht[2]). Die Konstruktion ist nicht richtig, denn erstens würde die im Handelsregister eingetragene Firma höchstens dem Titel der Zeitung entsprechen, der Titel aber ist für den Begriff „Zeitung“ nicht einmal als wesentliches Merkmal anzusehen. Zweitens ist die Zeitung als solche etwas qualitativ anderes als irgend ein Heringsgeschäft oder ein Bierbrauereiunternehmen. Schon gegenüber den einzelnen Nummern einer Zeitung (der Zeitungsware) verhält man sich anders als gegenüber den gewerblichen Waren; eine Ware als ein rein gewerbliches Produkt ist entweder gut oder schlecht, die Zeitung kann man aber loben oder tadeln, nützlich oder schädlich, mutig oder kriecherich finden.

Die zwei entgegengesetzten Ansichten über das Zeitungswesen, von denen die eine die Zeitung als eine Art Kanzel, von der herab bestimmte Lehren gepredigt werden, die andere, welche das Zeitungsunternehmen als ein bloßes Geschäft[3]) nach

---

[1]) Sie ist von van Calker (Die Zeitung als Objekt der Beleidigung) wiedergegeben worden.

[2]) E. Hafter, Die Delikts- und Straffähigkeit der Personenverbände. S. 163.

[3]) „Unsere Zeitungen . . . . . . sind nichts als eine industrielle Kapitalsanlage und Geldspekulation,“ F. Lassalle, Die Feste, die Presse und der Frankfurter Abgeordnetentag. S. 116.

dem Muster eines Warenhauses auffaßt, sind als streng einseitig zu bezeichnen, die geistige und materielle Seite der Zeitung als solche bilden vielmehr Teile derselben Einheit, und daß sie begrifflich vollständig integrante und selbständige Teile sind, beweist zur Genüge die Tatsache, daß der Vermögenswert des Eigentums des Zeitungsunternehmers nicht identisch mit dem nach dem Autorrecht zu bestimmenden literarischen Eigentum am Inhalt der Zeitung ist.

Die bis jetzt geschilderten Begriffsmomente der Zeitung als typischer Erscheinung lassen die Frage auftauchen, ob die Zeitung trotz ihres periodischen Erscheinens und des Zusammenwirkens einer Mehrheit von Personen als eine Kollektiveinheit aufzufassen sei. „Eine bestimmte Zeitung, sagt Merkel[1]), erscheint in sozialer Hinsicht als eine selbständige und einheitliche Potenz, die als eine solche auch seitens der Juristen begriffen und behandelt sein will.“ In der Tat ist die Zeitung als eine Kollektiveinheit zu betrachten[2]). Hierbei ist von dem Gedanken auszugehen, daß die Einheit des Erscheinens, resp. die fortlaufende Numerierung der einzelnen Nummern, sowie der Zweckgedanke, welcher die am Verfassen der Zeitung beteiligten Personen (Redakteure, Mitarbeiter, Korrespondenten) zusammenschließt, auf das Dasein einer Kollektiveinheit schließen lassen. Die Kollektiveinheit stellt sich als eine Zweck- und Willenseinheit dar; eine Zweckeinheit ist sie, weil, wenn sie auch nicht immer eine bestimmte, konsequent durchgeführte politische, geistige Richtung in sich schließt, sie doch stets auf planmäßige geistige Beeinflussung der Leser gerichtet ist; eine Willenseinheit ist sie, weil ein einheitlicher Wille durch

---

[1]) Vgl. die anregenden Äußerungen Merkels in „Juristische Blätter“ S. 543 („Diskussionen der Preßfragen in der Wiener Juristischen Gesellschaft“).

[2]) Schon der Sprachgebrauch des 18. Jahrhunderts hat die Zeitung als ein einheitliches, durch Geist belebtes „Institut“ bezeichnet, so Goethe, der einmal — „obwohl ungern“ — die Einladung des Herausgebers des Hamburgischen „Vaterländischen Museums“, „an einem so wohlgemeinten Institute“ teilzunehmen, ablehnte. Die Frage, ob die Zeitung als eine Kollektiveinheit aufzufassen sei, ist höchst wichtig, weil sie die Frage in sich enthält, ob man eine Zeitung beleidigen, d. h. ob sie Träger des Rechtsgutes der Ehre sein kann. Vgl. Lorenz, Kann eine Zeitung Objekt der Ehrenbeleidigung sein?, der die Frage verneint.

das Zusammenwirken einer Mehrheit von Personen, durch eine Willensorganisation in Gestalt der Redaktion, gewährleistet wird. Eine Zeitung kann, wie eine Persönlichkeit, kleinere oder größere Wirkungen im Publikum und an leitenden Stellen erzeugen, sie hat Feinde und Freunde, die an ihrem Dasein ein Interesse haben, sie hat ein Lesepublikum, welches auf ihre Richtung einwirken kann[1]). Die Zeitung war seit jeher als einheitliches Objekt der auf sie sich beziehenden Verwaltungsmaßregeln, wie Kautionsverfall, Verwarnung, Einstellung der Erscheinung (s. unten S. 64f.), angesehen. In ganz eindeutiger Weise ist aber die Zeitung als eine Einheit auch von der modernen Preßgesetzgebung anerkannt: alle modernen Preßgesetze ordnen an, daß die Zeitung die Urteile aus Anlaß der Straftaten, die durch sie begangen sind, auf der ersten Seite der nächsten Zeitungsnummer veröffentlicht.

Faßt man das Gesagte zusammen, so wird man die Zeitung als Typus definieren können, als ein, eine Kollektiveinheit bildendes Institut, das regelmäßig periodische Publikationen hervorbringt, deren Inhalt von allgemeinem Interesse ist, und das durch die mechanische Vervielfältigung der einzelnen Publikationsexemplare allgemein zugänglich gemacht wird.

Mit dieser Begriffsbestimmung der Zeitung hat man zugleich das Kriterium erhalten für die Abgrenzung des Begriffes des Buches von dem der Zeitung. Das Buch ist als das geistige Produkt eines Verfassers eine individualistisch determinierte, auf mechanischem Wege veröffentlichte Schrift, welche ein anderes Verhältnis zu Raum und Zeit als die Zeitung, Anfang und Ende hat, bestimmte Erkenntniszwecke verfolgt, spezifischen, literarischen oder pädagogischen Interessen dient. Zwischen diesen zwei Grenzgebieten „Zeitung“ und „Buch“ steht nun eine kontinuierliche Reihe von mannigfachen Publikationen, wie die in Heften herausgegebenen Zeitschriften, die vierteljährlichen Zeitschriften, die Jahrbücher, die einer Zeit-

[1]) So war die französische Zeitung „Figaro“ für einen Augenblick wegen ihrer Haltung in der Dreyfußaffäre in Gefahr geraten, ihre Leser zu verlieren, so daß sie plötzlich ihre Haltung ändern mußte.

schrift ähnlichen Sammlungen von wissenschaftlichen Abhandlungen, die amtlichen Publikationen.

Aus der Gegenüberstellung der Begriffe „Zeitung“ und „Buch“ ergibt sich auch, daß diejenigen Zeitungsformen, die früheren Entwicklungsstufen des Zeitungswesens eigen waren, nach ihren im vorherigen Abschnitte gekennzeichneten Begriffsmerkmalen nicht gleichbedeutend mit dem eben formulierten Begriff „Zeitung“ sind. Denn es mangelt ihnen ganz oder teilweise an innerlicher Periodizität, an Inhalt von allgemeinem Interesse, an Publizität; sie sind darum nur als Anfänge, als Entwicklungsphasen des heutigen Zeitungswesens anzusehen.

Das volkswirtschaftlich, geistig und politisch bedeutsame Institut der Presse ist, wie oben schon gesagt worden ist, je nach der Art der Beziehungen seiner Interessenten: Individuum, Gesellschaft und Staat, Gegenstand der Gesetzgebung gewesen. Ein flüchtiger Überblick über die Gesetzesgebote und Verbote, welche dieses soziale Institut regulieren, zeigt uns in Umrissen Form und Inhalt desselben. Um davon ein Bild zu geben, beschränke ich mich im nachstehenden darauf, auf die für die Presse einschlägigen Bestimmungen der reichsdeutschen Gesetzgebung hinzuweisen[1]).

Es kommen hier zunächst in Betracht die auf die Produktions- und Verbreitungsverhältnisse sich beziehenden Bestimmungen der Gewerbeordnung vom 26/7. 1900 (§ 14 Pflicht der Anzeige des Verkaufs, § 42, 44 Verkauf von Druckschriften, Straßen- und Hausverkehr, § 43 Verkauf zu Wahlzwecken, §§ 56, 60 das Feilbieten im Umherziehen, § 56 Druckschriftenverzeichnis, § 57 Wandergewerbeschein), ferner des Handelsgesetzbuchs vom 10/5. 1897 (§§ 1, 10, 59 Zeitungsverlag), des Gesetzes über das Postwesen vom 28/10. 1871 (§§ 1—3 Beförderung von Druckschriften, 25, 26 Bezugsquellen, 27, 28 Postdefraudation), des Übereinkommens vom 26/5. 1906, (Art. 1—17), der Berner Übereinkunft vom 9/9. 1886, (vgl. die Zusatzakte vom 4/5. 1896), endlich des internationalen Telegraphenvertrages vom 10/22/7. 1875. Die

---

[1]) Vgl. die Gesetzesbestimmungen betr. die Presse in Frankreich (etwa 70 Gesetze) bei Le Poittevin, Traité de la Presse. T. 3. 1904. S. 779f.

zivilrechtlichen Bestimmungen des Preßrechts, die einerseits den Autor und andererseits den Verleger schützen, sind enthalten in den allgemeinen Bestimmungen des Bürgerlichen Gesetzbuches[1]), ferner in den Bestimmungen des Gesetzes über das Urheberrecht an Werken der Literatur und Kunst vom 19./6. 1901 (§§ 11—14 Befugnisse des Urhebers, § 15 Schutz der Rechte des Urhebers, §§ 16, 17, 18 über den Abdruck von Zeitungsausschnitten, §§ 19—29 Zulässigkeit der Veröffentlichung) und in den Bestimmungen des Verlagsrechts vom 19/7. 1901 (§§ 42, 45 Rechte des Verfassers an den eingesandten Beiträgen[2]), § 46 Freiexemplare des Verfassers, §§ 13, 14, Abänderungen an den Einsendungen).

Das Gesetz zur Bekämpfung des unlauteren Wettbewerbs vom 27/5. 1896 stellt unter Strafe die Auswüchse des Annoncen- und Reklamewesens (§ 1—4), ebenso das Börsengesetz vom $\frac{22/6.\ 1896}{8/5.\ 1908}$ (§§ 88, 89, 90). Erwähnenswert sind noch folgende Gesetzesbestimmungen: Reichsgesetz vom 3/7. 1893 gegen den Verrat militärischer Geheimnisse (§§ 1 und 2), Gesetz betr. die Erwerb- und Wirtschaftsgenossenschaften (§ 147), Gesetz betr. die Gesellschaften mit beschränkter Haftung vom 20/4. 1892 (§ 82,3), Gesetz über die privaten Versicherungsunternehmungen vom 12/5. 1901 (§ 111), Reichsgesetz vom 8/6. 1871 betr. Inhaberpapiere mit Prämien (§ 2, 6), Gesetz vom 5/4. 1888, betr. die unter Ausschluß der Öffentlichkeit stattfindenden Gerichtsverhandlungen (Art. III), Einführungsgesetz vom 1/10. 1879 zum Gerichtsverfassungsgesetze vom 27/1. 1877 (§ 6, Zuständigkeit

---

[1]) So haben beispielsweise für die privatrechtlichen Rechte und Pflichten des Redakteurs zunächst die Bestimmungen des § 611 des bürgerlichen Gesetzbuches Geltung. Die Controverse über die Frage, ob der Redakteur nach den Bestimmungen des Handelsgesetzbuches als Handlungsgehilfe (im Sinne des § 54) oder nach den Bestimmungen des bürgerlichen Gesetzbuches als Privatbeamter anzusehen ist, kann hier auf sich beruhen bleiben. — Die monographische Behandlung des Preßprivatrechts ist der Arbeit von Vito Luciani, Le Pubblicazioni periodiche nel diritto privato, zu verdanken. (Die Schrift besteht aus drei Abschnitten: 1. Il periodico come impresa industriale, 2. Redazione del giornale, 3. Del contratto di abbonamento.)

[2]) Über die Papierkorbfrage vgl. Assmann, Die unbestellten Zusendungen.

der Schwurgerichte für Preßdelikte), Gerichtsverfassungsgesetz vom 27/1. 1877 (§ 175), Patentgesetz vom 7/4. 1891 (§ 2). Endlich die Bestimmungen des Reichsstrafgesetzbuches vom 15/5. 1871 (§§ 12, 40, 41, 42, 85, 92, 95, 110, 111, 130, 184, 185, 200, 286, 360). Mit der Presse in ihrer Eigenschaft als geistigem Wirkungsmittel beschäftigt sich die staatliche Preßgesetzgebung (Preßgesetz von 1874) und die allgemeine Kirchengesetzgebung.

Die vorliegende Arbeit ist ausschließlich einer grundsätzlichen Analyse der publizistischen Grundbegriffe der Preßgesetzgebung und des Preßrechts gewidmet.

Die Tragweite der sozialpsychischen Tatsache, daß die Presse das Publikum durch Gedankenäußerungen systematisch und bestimmend zu beeinflussen bestrebt ist, ist von Staats wegen in doppelter Weise gewürdigt worden: die Verfassungsgesetzgebung, welche die grundsätzliche Stellung des einzelnen zur Staatsgewalt festsetzt, hat die Freiheit des Meinungsaustauschs in der Verfassungsurkunde eines einzelnen Staates ausdrücklich garantiert, und gleichzeitig hat die moderne Staatsordnung die Bewegungsgrenze dieser Freiheit festgestellt und ihren Mißbrauch durch besondere Gesetze zu verhindern versucht.

Das erste preßrechtliche Problem ist somit ein staatsrechtliches und bezieht sich auf die Erörterung des staatsrechtlichen Fundamentalprinzips jeder Preßgesetzgebung, auf den Begriff der Preßfreiheit und auf die mit ihr in innigem Zusammenhange stehenden Begriffe des Publikums und der öffentlichen Meinung; das zweite Problem ist sodann strafrechtlicher Natur, und bezieht sich auf die Erörterung des Begriffs der Druckschrift, als Beweis der Tat, und der Preßverantwortlichkeit des Täters für die Tat. Diese preßrechtlichen Grundbegriffe, welche das Charakteristikum des englischen, des deutschen (resp. österreichischen), des französischen (resp. belgischen) Preßrechts bedeuten, bedingen und ergänzen sich prinzipiell, so daß sie eine streng logische Kette bilden, deren analytische Erörterung die preßrechtlichen Prinzipienfragen, m. E., erschöpft.

Ein dritter rechtspolitischer Teil wird sich den beiden vorerwähnten anschließen, und unter dem Begriff der Preßrechtspolitik mit allgemeinen Auseinandersetzungen über die Berechtigung einer Negation des Preßdelikts die Arbeit abschließen.

II. Preßstaatsrecht.

1. Juristische Begründung der Preßfreiheit.

Die Preßfreiheit ist der Fundamentalbegriff einer Preßgesetzgebung; sie hat zum ersten Male durch ihre Aufnahme in das System der Menschenrechte von 1776 und 1789 gesetzgeberischen Ausdruck gefunden; sie blieb aber während der folgenden Zeit nur ein Theorem. In der ersten Hälfte des 19. Jahrhunderts wurde sie einer der beliebtesten Gegenstände der staatsrechtlichen und politischen Literatur, einer der wichtigsten Programmpunkte der liberalistischen Freiheitsbewegung. Heute ist sie in den meisten der neuen und neuesten[1]) Staatsverfassungen besonders „deklariert und garantiert".

Den nachfolgenden Erörterungen der rechtlichen Natur und juristischen Konstruktion der Preßfreiheit wird eine kurze Skizze vorangeschickt, in welcher zuerst die naturrechtliche Grundlage der ersten Preßgesetzgebung dargelegt, sodann die utilitaristische Auffassung der Preßfreiheit in der Literatur des Liberalismus gestreift werden soll[2]).

A. Naturrechtliche Grundlage der Preßgesetzgebung.

Durch die Aufstellung einer Bill of Rights in der Verfassung des amerikanischen Staates Virginia vom 12. Juni 1776 und die Proklamierung der „Déclaration des Droits de l'Homme et du Citoyen" vom 26. August—5. Oktober 1789 hat die Naturrechts-

---

[1]) Höchst charakteristisch für den öffentlich-rechtlichen Geist unserer Zeit sind die erfolgreichen Bewegungen für die Einführung der Verfassung resp. der Preßfreiheit in Montenegro, Rußland, Persien und der Türkei. Für die Vorbereitung einer neuen Verfassung resp. eines Preßgesetzes in China, vgl. H. Betz. Neue chinesische Gesetzgebung, II. Preß- und Vereinsgesetz.

[2]) Die preßrechtliche Literatur älteren und neueren Datums spricht viel von Preßfreiheit, ohne darauf näher einzugehen, die wenigen Arbeiten, die sich damit befaßt haben, sind wissenschaftlich belanglos, so, um ein Beispiel zu nennen, die Arbeit von K. Walcker, Theorie der Preßfreiheit und der Beleidigungen.

lehre einen epochemachenden Triumph gefeiert[1]). Man hat zum ersten Male durch diese gesetzgeberischen Akte ein allgemein gültiges Menschenrecht (pour tous les hommes, pourtous lestemps, pourtous lesgouvernements), festgesetzt, den begrifflich abstrahierten politischen Menschen, den „homo politicus" als von Natur gegebenes Rechtssubjekt erklärt, und ihm als solchem einige angeborene („certains inherents" „native rights"), unveräußerliche, geheiligte und unantastbare (inaliénables, sacrés, imprescriptibles), dem positiven Recht gegenüber höhere und vorhergehende (supérieurs et antérieurs) Rechte zuerkannt[2]).

Die so erklärten absoluten Rechtsprinzipien sind dadurch lebensfähig gemacht worden, daß sie in Hinsicht auf die, der Gesetzgebung zukommende Wirksamkeit „garantiert" und in bezug auf die Betätigung des Individuums durch positive Gesetze beschränkt worden sind. „Le pouvoir législatif ne pourra

---

[1]) Über die rechtsgeschichtliche Quelle der Menschenrechte vgl. die Monographie G. Jellinek's „Die Erklärung der Menschen- und Bürgerrechte." Über die Frage eines Abhängigkeitsverhältnisses zwischen der amerikanischen und französischen Erklärung der Menschenrechte ist die Polemik zwischen E. Boutmy („Etudes de Droit constitutionel. p. 81—225; La déclaration des droits de l'homme et du Citoyen et M. Jellinek „Annales des sciences politiques" p. 415 bis 443) und Jellinek („La déclaration des droits." Réponse à M. Boutmy. „Revue du droit public et de la science politique", p. 385—400) belehrend. — Siehe auch: P. Janet, Histoire de la science politique p. XXII.; Gierke, Joh. Althusius, S. 346; D. E. Ritchie, Natural Rights, p. 2 f; Emile Walch, La déclaration des droits de l'homme et du Citoyen et l'Assemblée constituante, p. 204; L. Günther, Jean Paul Marat, der „Ami du Peuple" als Kriminalist, S. 81.

[2]) So lautet die Sektion 1 der Virginia Bill of Rights, v. 1776: — „That all men are by nature equally free and independent, and have certain inherent rights, of which, when they enter into a state of society, they cannot, by any compact, deprive or divest their posterity." In demselben Geiste lauten auch das Préambule der „Declarations" v. 1789 — „Les répresentants du peuple français ont résolu d'exposer dans une déclaration solennelle les droits naturels, inaliénables et sacrés de l'homme . . ." und fügt in art. 2. hinzu: „Le but de toute association politique est la conservation des droits naturels et imprescriptibles de l'homme." — Über die für die politische Metaphysik der französischen Revolution sehr charakteristische Debatte in bezug auf die „Invocation de l'assistance du Suprême Législateur de l'Univers" als feierliche Einleitungsformel der „Erklärung", vgl. Walch. op. cit. P. 143—147. 129.

faire aucune loi qui porte atteinte et mette obstacle à l'exercice des droits naturels et civils consacrés dans le présent titre et garantis par la constitution" — so lauten die Bestimmungen der ersten monarchischen Verfassung Frankreichs von 1791, betitelt: „Dispositions fondamentales garanties par la constitution."[1]) Die Bestimmungen fahren dann fort: „Mais comme la liberté ne consiste qu'à pouvoir faire tout ce qui ne nuit ni aux droits d'autrui, ni à la sûreté publique, la loi peut établir des peines contre les actes qui, attaquant ou la sûreté publique ou les droits d'autrui, seraient nuisibles à la société."[2])

Ein solches feierlich deklariertes, garantiertes und beschränktes Recht ist nun nach der amerikanischen und französischen Erklärung der Menschen- und Bürgerrechte von 1776 und 1789 die Preßfreiheit. Die Sektion 12 der Virginia's Bill von 1776 lautet: That the freedom of the press is one of the great bulwarks of liberty, and can never be restrained but by despotic governments. Von größerer Tragweite ist die französische Formulierung des Preßfreiheitsrechts, denn sie ist fast wörtlich von den europäischen und manchen außereuropäischen Verfassungen aufgenommen worden[3]).

---

[1]) Die erste republikanische Verfassung Frankreichs hat im art. 1 dasselbe formuliert: le gouvernement est institué pour garantir à l'homme la jouissance de ses droits naturels et imprescriptibles.

[2]) Die Vorwürfe, die dahin gehen (Jellinek, loc. cit. S. 1), daß die Erklärung nur von Rechten und nicht von Pflichten spreche, sind wohl als nicht berechtigt anzusehen. Denn abgesehen von der Wendung der Verfassung von 1791 . . . ne nuit pas aux droits d'autrui, enthält schon das Préambule der Erklärung von 1789 den Satz: . . afin que cette déclaration, constamment présente à tous les membres du corps social, leur rapelle sans cesse leurs droits et leurs devoirs"; die Verfassung von 1795 läßt sogar der Erklärung der Rechte eine (allerdings recht phrasenhafte) „Declaration des Devoirs" (in neun Artikeln) folgen — so lautet art. 2: faites aux autres le bien, que vous voudriez en recevoir.

[3]) Wir geben im folgenden einige Verfassungen, die die französische Formulierung der Preßfreiheit enthalten. Argentinien, V. v. 25/9. 1860, § 14; Belgien, Verfassung v. 7/2. 1831, § 14. 18; Holland, V. v. 30/11. 1887, § 7; Luxemburg, V. vom 17/10. 1868, § 24; Preußen, V. v. 31/1. 1850, § 27. 28; Bayern, V. v. 26/5. 1818, § 11; Sachsen, V. v. 4/9. 1831, § 35; Württemberg, V. v. 25/9. 1819, § 24, 28; Baden, V. vom 22/8. 1818, § 17; Öster-

Bei der Bedeutung, die dem Begriff der Preßfreiheit für das gesamte Preßrecht zukommt, dürfte es angemessen erscheinen, einen kurzen Überblick über die Beratungen zu geben, welche der endgültigen Formulierung und Festlegung dieses Begriffs in der Nationalversammlung (Assemblée nationale) vorangingen[1]). Der erste sehr allgemein verfaßte Entwurf stammte von Lafayette: „Tout l'homme naît avec des droits inaliénables et imprescriptibles; tels sont: la liberté de toutes ses opinions.“[2]) Sieyes schlug darauf folgendes vor: „Personne n'est responsable de sa pensée, ni de ses sentiments; tout homme a le droit de parler ou de se taire, nulle manière de publier ses pensées et ses sentiments ne doit être interdite à personne; et en particulier chacun est libre d'écrire, d'imprimer ou de faire imprimer ce que bon lui semble, toujours à la seule condition de ne pas nuire aux droits d'autrui. Enfin tout écrivain peut débiter ou faire débiter ses productions et il peut le faire circuler librement tant par la poste que par toute autre voie.“[3]) Mirabeau fand diese Formulierung zu lang und redigierte sie in demselben Sinne, aber viel kürzer: „La libre communication des pensées étant un droit du citoyen, elle ne

---

reich, V. v. 21/12., § 13; Bundesverfassung der Schweiz v. 29/5. 1874, § 55; Spanien, V. v. 30/6. 1876, § 13; Portugal, V. v. 29/4. 1826, § 145, 3; Dänemark, V. vom 5/6. 1849, § 86; Island, dänisches Gesetz v. 5/1. 1874, § 54; Schweden, G. v. 6/6. 1809, § 86; Norwegen, V. v. 4/11. 1814, § 100; Finland, Förenings-Säkerhets Akt v. 21/2. und 3/4. 1789, § 5; Rumänien, V. v. 30/6. (12/7.) 1866, modifiziert 1879, 1884, § 24; Serbien, V. vom 22/12 1888/3/1. 1889, § 22; Griechenland, V. v. 16/28/11. 1864, § 14; Brasilien, V. v. 24/2. 1891, § 72, 11. 12; Mexiko, V. vom 12/2. 1857, § 7; Japan, V. v. 11/2. 1889, § 29. — S. die Gesetzestexte bei F. A. Dareste, Les constitutions modernes. 2. vols. — Vgl. auch V. Pappafava, Die moderne Preßgesetzgebung. -- Williams, „Preß-Laws“, Art. in Encyclopaedia Britannica und „Annuaire de législation etrangère“.

[1]) „Jamais article, betonte pathetisch Rabaud de Saint-Etienne in der Nationalversammlung, ne fut plus important. Si d'un mot mal combiné il en coûtait une larme, un soupir, nous en serions responsables.“ Vgl. die aus ausgedehnten archivalischen Studien entstandene Arbeit von Alma Söderhjelm, Le Régime de la Presse pendant la Révolution française. p. 112.

[2]) Archive parlamentaire. VIII, p. 222.

[3]) Archive parlamentaire. VIII, p. 256, 422.

doit être restreinte qu'autant qu'elle nuit au droit d'autrui."[1]) De la Rochefoucauld fand den Ausdruck „ne pas nuire à autrui" unklar und ersetzte ihn durch „la responsabilité devant la loi": „La libre communication des pensées et des opinions est un des droits les plus précieux à l'homme; tout citoyen peut donc parler, écrire, imprimer librement, sauf à répondre des abus de cette liberté, dans les cas prévus par la loi."

Die Formulierung la Rochefoucauld's ist, nach einer kurzen Debatte, in der sie Robespierre als zu reaktionär und der Bischof von Amiens, de Machault, als zu weitgehend bekämpfte, mit einigen unbedeutenden, rein formellen Änderungen als Art. XI der „Erklärung" von 1789 proklamiert worden: „La libre communication des pensées et des opinions est un des droits les plus précieux de l'homme. Tout Citoyen peut donc parler, écrire, imprimer librement, sauf à répondre de l'abus de cette liberté, dans les cas déterminés par la Loi."[2])

Es ist nunmehr zu untersuchen, welche Stellung das Preßfreiheitsrecht in dem System der übrigen sog. angeborenen Rechte einnimmt. Dabei ist es empfehlenswert, ein konkretes geltendes Verfasssungsrecht zum Ausgangspunkt der Betrachtung zu nehmen. Hierfür erscheint das französische Recht, welches in klassischer Form ein System der „angeborenen" Freiheitsrechte ausgebildet hat, am geeignetsten. Boistel[3]) hat die nach dem geltenden französischen Verfassungsrecht sich in Wirksamkeit befindenden Freiheitsrechte in die folgenden Klassen eingeteilt. Die Freiheit, sich unterrichten zu lassen (liberté de s'instruire), die Freiheit, Gedanken durch Rede, Schrift und Druck zu äußern (liberté de l'expression de la pensée), die Unterrichtsfreiheit — für die Lehrer eine Anwendung der Redefreiheit, für die Lernenden eine Anwendung der Freiheit, sich unterrrichten zu lassen, die Preßfreiheit — eine Form der Freiheit der Gedankenäußerung — das sind die Freiheiten, welche Boistel als „intellektuelle" Freiheitsrechte zusammenfaßt.

[1]) Archive parlamentaire. VIII, p. 432.

[2]) Le Moniteur du 24 août, 1789.

[3]) A. Boistel, Cours de Philosophie du Droit. Tome Ier p. 209—237 — wo auch die betreffenden Gesetzesparagraphen zu finden sind.

Zu den „moralischen“ Freiheitsrechten zählt er die Freiheit der Betätigung der religiösen Orden (der Kongregationen), die religiöse Freiheit (die Gewissens- und Kultusfreiheit), die Wohltätigkeitsfreiheit. Als „ästhetische“ Freiheitsrechte nennt er die Freiheit, durch die Presse, das Theater usw. eine Schöpfung zu veröffentlichen, und die, eine veröffentlichte Schöpfung zu genießen; als „physische“ Freiheitsrechte, die Freizügigkeit. Zu den Freiheitsrechten, die sich auf äußerliche Güter beziehen, rechnet er: die Aneignungsfreiheit, die Freiheit der Lohn- und Werkarbeit (liberté du travail et de louage d'ouvrage). Freiheitsrechte, die sich auf die Berührung der Menschen untereinander beziehen, sind ihm endlich die Versammlungs- und die Vereinsfreiheit.

In den Rahmen dieser systematischen Aufzählung der Grundrechte hängt das Recht der Preßfreiheit mit dem Freiheitsrecht der Gedankenäußerung, als dessen Abart eng zusammen. Das Preßfreiheitsrecht stellt aber auch eine notwendige Ergänzung der meisten intellektuellen, ästhetischen und moralischen Freiheitsrechte dar; denn was würde es beispielshalber nützen, wenn man eine veröffentlichte Schöpfung genießen dürfte, ohne seine Gedanken durch die Presse aussprechen zu können[1])?

Welche Auffassuug dieses auf dem Wege der Gesetzgebung anerkannten Rechtsprinzips der Preßfreiheit nun in der liberalistischen Literatur der ersten Hälfte des 19. Jahrhunderts aufgetaucht ist, soll im nächsten Abschnitt erörtert werden.

B. Utilitaristische Auffassung der Preßfreiheit in der Literatur des Liberalismus.

Es ist unmöglich und auch nicht erforderlich, alle die rhetorischen Leistungen der führenden Geister der stürmisch bewegten, freiheitlich-politischen Zeit der ersten Hälfte des 19. Jahrhunderts über Preßfreiheit zu erwähnen. Die bemerkenswerten Ansichten über die Preßfreiheit, die in dieser Zeit vorherrschend waren, kurz darzulegen, dürfte indessen wohl angebracht sein.

---

[1]) Vgl. über die preußischen Freiheitsrechte, Fr. Giese, Die Grundrechte, S. 976; über die österreichischen, J. Ulbrich, Lehrbuch des Verwaltungsrechts. S. 220f.

Es sind vor allem zwei Grundgedanken, von denen man gewöhnlich ausging: die Preßfreiheit ist notwendig, weil sie die Voraussetzung aller individuellen Freiheitsrechte ist; und: sie ist notwendig, weil sie für das Individuum, den Staat, die Menschheit nützlich ist.

Lassen wir die bekanntesten Vertreter dieser Argumente: Milton, Mill, Benjamin Constant, Mirabeau, Chateaubriand selbst sprechen. Schon 1644 hat Milton in seinem berühmten Werk „Areopagitica“ [1]) für die Preßfreiheit plädiert: Bücher sind nicht absolut tote Dinge, sondern enthalten Lebenskraft in sich, so wirksam, wie die Seele, aus der sie entsprossen sind; ja sie bewahren, wie in einer Phiole, die reinste Kraft und Wesenheit jenes lebendigen Geistes, der sie erzeugte ... Man soll bei der Verfolgung dieses kostbaren Teils des Menschenlebens mit Vorsicht zu Werke gehen, um sich nicht eines Totschlags schuldig zu machen. Wer einen Menschen totschlägt, der tötet ein vernünftiges Geschöpf, Gottes Ebenbild; aber wer ein gutes Buch zerstört, der tötet die Vernunft selbst, er zerstört die geistige Quintessenz des Daseins. Von demselben Standpunkte der dialektischen Verteidigung der veröffentlichten Wahrheit aus betont sein Landsmann J. S. Mill [2]) in seinem Buche über die Freiheit den Wert, den die „Freiheit der Meinungsäußerung für die geistige Wohlfahrt der Menschheit“ hat. Die Bedeutung seiner Anführungen liegt in dem nachdrücklichen Betonen folgender drei Sätze: Erstens, jede Meinung, die wir zum Schweigen bringen, kann trotz allem, was wir mit Bestimmtheit sagen können, das Wahre sein, dies zu leugnen heißt, uns für unfehlbar erklären. Zweitens, die zum Schweigen gebrachte Meinung mag auf Irrtum beruhen, kann aber doch zum Teil richtig sein; daß sie zum Teil richtig ist (selten oder niemals

[1]) Areopagitica; a Speech of Mr. John Milton. For the Liberty of Unlicenc'd Printing, to the Parlament of England (London, 1644) p. 35. Vgl. auch Vorländer, Geschichte der philosophischen Moral-, Rechts- und Staatslehre. S. 328/9. — Comte de Mirabeau, Sur la liberté de la presse. p. 9.

[2]) John Stuart Mill, Über Freiheit, deutsch. S. 25—78. — Vgl. die Polemik gegen diese Schrift von James F. Stephen, Die Schlagwörter Freiheit, Gleichheit und Brüderlichkeit in ihrer ethischen, sozialen und politischen Anwendung. (2ter Absch.)

enthält eine Meinung die ganze Wahrheit), kann aber nur durch die Diskussion zum Vorschein kommen. Drittens, selbst wenn die herkömmliche Meinung nicht nur wahr ist, sondern die ganze Wahrheit enthält, so muß sie mit Kraft und Ernst angefochten werden, um als richtig und nicht als Vorurteil, als lebendige Wahrheit und nicht als totes Dogma angesehen werden zu können.

B. Constant, Mirabeau und Chateaubriand, förderten mit ihren Ausführungen, welche hauptsächlich das Zeitungswesen ins Auge faßten, die juristische Auffassung der Preßfreiheit insofern, als sie sich nicht wie Milton und Mill mit allgemeinen Exkursen begnügten, sondern die Preßfreiheit als „individuelles" Freiheitsrecht formulierten. Benjamin Constant, der Führer des Liberalismus seiner Zeit, hat sich eingehend mit der Frage der staatsrechtlichen Bedeutung der Preßfreiheit beschäftigt. Er geht aus von dem Unterschied zwischen der antiken und modernen Freiheit, den er als erster in der staatsrechtlichen Literatur erkannt hat: „ches les anciens, l'individu souverain presque habituellement dans les affaires publiques, est esclave dans tous ses rapports privés . . . . chez les modernes, au contraire l'individu, indépendant dans la vie privée, n'est, même dans les Etats les plus libres, souverain qu'en apparence[1]." Unter der modernen Freiheit ist also nach Constant die individuelle Freiheit zu verstehen. Die beste Garantie für alle individuellen Freiheitsrechte (— la liberté personelle, le jugement par jurés, la liberté réligieuse, l'inviolabilité de la propriété, la liberté de la presse, la liberté de l'industrie[2]) ist nun nach ihm die Preßfreiheit[3]); durch

---

[1]) Benjamin Constant. Cours de Politique constitutionelle. Vol. II. p. 542. De la liberté des anciens comparée à celle des modernes. Discours prononcés en 1819.

[2]) Cours. vol. I: ch. VIII, des droits individuels, p. 256.

[3]) Cours. vol. II. p. 25. Sur le projet de loi relatif à la Police de la Presse. Séance du 15 février. 1827. (Diese Abhandlung enthält alles, was Constant bei verschiedenen Gelegenheiten wiederholt über die Preßfreiheit gesprochen und geschrieben hat.) — Die Auffassung der Preßfreiheit als Voraussetzung aller Freiheitsrechte war in der ersten Hälfte des 19ten Jahrh. die allgemein verbreitete. So schreibt auch J. P. Harl (Höhere Gesichtspunkte für die Würdigung der teutschen Preßfreiheit, dieses Paladium teutscher Freiheit): die Freiheit der Presse ist die Bürgschaft aller Rechte (S. 110).

sie kann man die Regierung kontrollieren und sich vor den Verletzungen der Verwaltungswillkür schützen; ja die Preßfreiheit ist, meint Constant, sogar für die Regierung aus zwei Gründen nützlich: premièrement, führt er in der Abhandlung „De la liberté des brochures, des pamphlets et des journaux, considéré sous le rapport de l'intérêt de gouvernement" aus, en assujetissant les journaux à une gêne particulière, le gouvernement se rend de fait, malgré lui, responsable de tout ce que disent les journaux. En second lieu, quand le gouvernement n'a que des défenseurs privilégiés, il n'a qu'un nombre limité des defenseurs, et le hazard peut faire qu'il n'ait pas choisi les plus habiles[1]). In der Preßfreiheit erblickte schon vor B. Constant Mirabeau den Inbegriff der Garantien aller Freiheitsrechte. So schreibt er 1788 mit Emphase: „Le vrai remède à tous les maux, c'est la liberté de la presse .... Sans la liberté de la presse ne peut exister ni instruction ni constitution[2])"; und in einer seiner wuchtigen Reden ist der Satz zu finden: .... „Liberté de la presse garant unique, garant sacré de ces beaux droits; Liberté de la presse énergiquement invoquée[3])!" Gleich Mirabeau und Constant betrachtet Chateaubriand die Preßfreiheit; er faßt die Ausführungen, welche er in seiner Schrift „De la monarchie selon la charte" macht, dahin zusammen: „La liberté de la presse est le seul contrepoid des inconvénients de gouvernement représentatif"[4]). Die Preßfreiheit ist die erste Voraussetzung für einen Verfassungsstaat: „Point de gouvernement représentatif sans la liberté de la presse", diesen Satz sucht er so zu begründen: „Voici pourquoi: Le gouvernement représentatif s'éclaire par l'opinion publique, et est fondé sur elle. Les chambres ne peuvent connaître cette opinion, si cette opinion n'a point d'organes. Dans un gouvernement représentatif

---

[1]) Cours. vol. I. p. 452. 454.

[2]) zitiert bei M. P. Fabreguettes. Traité des infractions de la parole, de l'écriture et de la presse. T. I. p. XIII.

[3]) bei Alma Söderhjelm, Le Régime de la Presse pendant la Révolution française.

[4]) Le vicomte de Chateaubriand, De la monarchie selon la Charte. chap. XVII: de la liberté de la Presse. Vgl. auch „Oeuvres", c. XXVII, p. 141 f.: Opinion sur le projet de loi relatif à la Police de la Presse.

il y a deux tribunaux: celui des chambres, où les intérêts particuliers de la nation sont jugés;. celui de la nation elle-même qui juge en dehors des deux chambres. Dans les discussions qui s'élèvent nécessairement entre le ministère et les chambres, comment le public connait-il la vérité, si les journaux sont sous la censure du ministère, c'est-à-dire sous l'influence d'une des parties interessées. Comment le ministère et les chambres connaîtront-ils l'opinion publique qui fait la volonté générale, si cette opinion ne peut librement s'exprimer?"

Unterwirft man die Ausführungen dieser Schriftsteller einer kritischen Betrachtung daraufhin, welche Anhaltspunkte sie für die juristische Fundierung des Rechts der Preßfreiheit bieten, so wird man zu dem Ergebnis kommen, daß in ihnen eine übertriebene Wertschätzung der Preßfreiheit enthalten ist. Die willkürliche Übertreibung der Bedeutung der Preßfreiheit, als ob sie die wichtigste Voraussetzung aller übrigen Freiheitsrechte wäre, als ob es nicht mindestens ebenso wichtige Rechte, wie etwa das auf Freizügigkeit gäbe[1]), hat zum Teil politische Gründe; sie beruht aber hauptsächlich auf dem Mangel einer tieferen juristischen Begründung der Freiheitsrechte im allgemeinen und der Preßfreiheit im besonderen. Die spärlichen und versteckten Angaben dieser dem politisierenden Utilitarismus huldigenden Schriftsteller über die individuellen Freiheitsrechte haben das höchste Problem des Staatsrechts, das durch die Erklärung der Menschen- und Bürgerrechte positiv formuliert wird, nämlich die moderne Rechtsstellung des Individuums als Staatsglied im Staatsganzen, nicht zu erkennen vermocht.

C. Positiv-staatsrechtliche Begründung der Preßfreiheit.

Die amerikanische und französische Erklärung der Menschen- und Bürgerrechte ist eine der bedeutendsten Taten der neueren Staatsgeschichte. Mag auch die Aufstellung angeborener Frei-

---

[1]) Mindestens ebenso wichtig, wenn nicht wichtiger als die Preßfreiheit, ist ferner für die breiteren Volksschichten die Redefreiheit. Die Presse ist ihrem Wesen nach, wie richtig M. J. Olivier (De la liberté de la Presse S. 16) hervorhebt, aristokratisch, sie hängt im Gegensatz zu der Redefreiheit von zwei Momenten ab: „De deux espèces de capitaux que tout le monde ne peut pas

heitsrechte und abstrakter Rechtsprinzipien, die v. Liszt[1]) drastisch als „gleißende Spielwaren für politische Kinder" bezeichnet hat, rein doktrinärer Natur sein, so hat diese gesetzliche Fixierung der Freiheitsrechte in jedem Falle eine prinzipielle Bedeutung: sie hat zum ersten Male auf dem Wege der Gesetzgebung das Recht der Persönlichkeit anerkannt, einen eigenen selbständigen Wert für sich darzustellen, oder, wie Kant es formuliert hat, nicht bloß als Mittel, sondern immer auch als Selbstzweck in Betracht zu kommen. Wie alle Freiheitsrechte, so ist auch die Preßfreiheit kein Rechtsprinzip oder Selbstzweck, sie läßt sich vielmehr aus dem Persönlichkeitsprinzip ableiten, sie ist also ein abgeleitetes, kein originäres Recht. Die Preßfreiheit ist ein durch die objektive Rechtsordnung gesetztes Recht, sie ist bedingt durch die Stellung der Einzelpersönlichkeit zu der Staatspersönlichkeit.

Der souveräne Staat ist der Schöpfer und Träger seiner Rechtsordnung. Alles Recht setzt aber Beziehungen von Rechtssubjekten zueinander voraus. Auch der Staat als Persönlichkeit kann nur Rechte haben, wenn ihm Persönlichkeiten gegenüber stehen. Jedes Staatsglied ist daher durch seine Zugehörigkeit zum Staate eine Persönlichkeit juris publici, es ist durch den Staat (nicht von Natur aus) ein Rechtssubjekt, gerade weil es in einer qualifizierenden Relation zum Staat steht. Die Ansprüche, die sich aus den mannigfachen Beziehungen des Individuums als Persönlichkeit zum Staat ergeben, verkörpern in sich diejenigen Rechtskomplexe, die Jellinek[2]) als subjektiv-öffentliche Rechte bezeichnet hat. Diese subjektiv-öffentlichen Rechte könnte man auf zwei Grundarten reduzieren, auf Souveränitätsrechte und Freiheitsrechte, je nachdem vermöge dieser Rechte originäre (in sich selbst ihren Grund tragende), staatsrechtliche Herrschaft ausgeübt wird oder ein neutraler „staats-

---

réunir: un capital materiel, l'argent; un capital intellectuel, l'instruction acquise". Par cela, schreibt Olivier (op. cit. S. 16), la liberté de la presse restera toujours le privilège d'une partie de la nation.

[1]) Österreichisches Preßrecht. S. XII, Vorwort.

[2]) System der subjektiv-öffentlichen Rechte. 2. Aufl. Tübingen. 1905. Besonders S. 86 f.

freier“ Rechtskreis dem Individuum in seiner Beziehung zu dem Staatsganzen gewährleistet wird.

Die Preßfreiheit ist ein negatives Freiheitsrecht, sie beruht auf einem Anspruch des Individuums auf Unterlassung von Eingriffen der Staatsgewalt in „das gesetzlich gewährleistete Maß persönlicher Freiheit“[1]), nämlich in die Freiheit der Gedankenäußerung durch die Presse. Der Grad der persönlichen Freiheit, welche der Staat dem Individuum auf dem Gebiete der Preßfreiheit läßt, bestimmt sich danach, in welchem Maße der Staat bei Berücksichtigung der Gesamtinteressen dem einzelnen von seiner Machthoheit etwas abgeben kann. Nun ergeben sich aus der Wechselwirkung zwischen den Rechten und Pflichten der Staats- und Einzelpersönlichkeit gewisse Folgerungen: der moderne Verfassungsstaat, soweit er das Staatsglied als Rechtssubjekt anerkennt, schränkt sich durch die Gewährung der in der Verfassungsurkunde festgesetzten und garantierten Freiheitsrechte selbst ein; das Staatsglied ist aber als solches der Staatspersönlichkeit gegenüber nicht nur Rechts-, sondern auch Pflichtsubjekt, es ist verpflichtet, Freiheitsmißbrauch zu unterlassen, eine Verpflichtung, die eine individuelle Freiheitsbeschränkung bedeutet, welche durch die in derselben Verfassungsurkunde besonders erwähnten Gesetze im einzelnen festgestellt ist. Hierbei ist jedoch zweierlei zu unterscheiden. Zunächst bedeutet „Freiheit der Gedankenäußerung“ als publizistisches Freiheitsrecht die Freiheit, eine geistige (wissenschaftliche, ästhetische, religiös-ethische, technische) Schöpfung bekannt zu machen, sodann das Recht der einfachen oder kritischen Meinungsäußerung, mit der das Individuum auf die Einwirkungen seiner geistig-sozialen Umgebung reagiert. Die Gesetze, welche die Preßfreiheit bedingen, können sich nur auf das Recht dieser

---

[1]) G. Anschütz, Deutsches Staatsrecht. Holtzendorff-Kohler's Enzyklopädie. Bd. II, S. 534. — Vgl. auch die Monographie von Fr. Giese, die Grundrechte. (Bd. I Heft 2, der Abhandlungen hrsg. v. Zorn u. Stier-Somlo). — Die Rezension des Laband'schen „Staatsrechts“ von Gierke „Jahrbuch für Gesetzgebung und Verwaltung des Deutschen Reichs“ Bd. 7, S. 1132. — A. Esmein, Eléments de droit constitutionnel. p. 380f. Die Frage, ob die subjektiv-öffentlichen Rechte eine Art von Privatrechten oder ein Reflex von Sätzen des öffentlichen Rechts sind, kann hier nicht erörtert werden.

öffentlichen Äußerung der Meinung beziehen, keineswegs aber auf das der Publikation jener geistigen Schöpfung; denn im Sinne des modernen Zeitgeistes ist die Persönlichkeit als solche in ihrer Würde und Würdigung als Rechtssubjekt anerkannt, und gerade das Produkt ihrer Betätigung ist die geistige Schöpfung; eine Einschränkung dieser Betätigung würde die Freiheit der Persönlichkeit zerstören. Es besteht also in diesem prinzipiellen Sinne eine absolute und eine relative Preßfreiheit, je nachdem sie sich auf die Äußerung der geistigen Schöpfung oder auf die der Meinung bezieht.

Die Preßfreiheit kann aber ferner eine formelle oder eine materielle sein, je nachdem, ob sie tatsächlich durch Preßgesetze eingeschränkt ist oder nicht. Die formelle Preßfreiheit entspricht der innerhalb der Grenzen der Gesetze legalen Preßfreiheit, wie einer der namhaftesten Bearbeiter des Preßrechts, v. Liszt[1]) es formuliert hat: „Preßrecht im subjektiven Sinn, gleichbedeutend mit Preßfreiheit, ist das Recht der freien Gedankenäußerung in Druckschriften innerhalb der durch das Gesetz gezogenen Schranken und unter der von dem Gesetz nach Umfang und Inhalt normierten Verantwortlichkeit.“ Die materielle Preßfreiheit entspricht der durch keine positiven Preßgesetze begrenzten Preßfreiheit; in diesem höchst privilegierten Zustand der Presse bedeutet die Begehung einer strafbaren Tat durch die Presse Strafausschließungsgrund. So war die Preßfreiheit beispielsweise während der französischen Revolution[2]) (1789—1792) unbeschränkt. Das Gleiche gilt nach den die sechste Garantie enthaltenden Bestimmungen der Verfassung von Venezuela: La libertad del pensamiento, expresado de palabra ó por medio de la prensa; ésta, sin restricción alguna[3]).

---

[1]) Reichspreßrecht, S. 1. — In ähnlichem Sinne hat Feßler (das kirchliche Bücherverbot S. 2) die kirchliche (nicht die religiöse) Freiheit als die Möglichkeit ungehindert von der Staatsgewalt den Gesetzen der Kirche gemäß zu handeln bezeichnet.

[2]) Vgl. Alma Söderhjelm, Le régime de la Presse pendant la Révolution française. p. 219f.

[3]) Francisco Ochoa, Estudios juridicos (S. 43: Libertad de la Prensa, geschrieben 1879).

Hier ist nun eine außerordentlich wichtige Tatsache zu konstatieren; die englische Preßfreiheit steht in frappantem Gegensatz zu der kontinentalen Preßfreiheit. Sie ist nicht wie auf dem Kontinent grundsätzlich erklärt, garantiert und gesetzlich beschränkt, sondern (abgesehen von den Gesetzen über Libels, welche nur strafrechtliche Bedeutung haben) preßrechtlich völlig frei, obwohl nicht erklärt und ungarantiert. Diese Eigentümlichkeit der englischen Preßfreiheit ist das Charakteristikum des englischen Preßrechts.

2. Begriff des Publikums und der öffentlichen Meinung. Preßfreiheit in England.

Das Recht der Preßfreiheit hat sich auf dem Kontinent nach der Erklärung der Menschenrechte aus dem Recht der staatsbürgerlichen Freiheit einzelner Individuen entwickelt, während dieses Recht in England unter dem Einfluß des Parlaments aus den älteren durch die Gerichtspraxis beeinflußten Rechtsanschauungen des Publikums, bezw. der öffentlichen Meinung entstanden ist, sich also hier gewohnheitsrechtlich entwickelt hat.

Dies ist für die Entwicklungsgeschichte des Preßfreiheitsrechts höchst beachtenswert.

Für die Entwicklung und die jetzige Gestalt des englischen Preßfreiheitsrechts sind die mit dem Begriffe der Preßfreiheit im engsten Zusammenhang stehenden Begriffe des Publikums und der öffentlichen Meinung von grundlegender Bedeutung. Ihre Analyse ist also unsere nächste Aufgabe, dies um so mehr, weil sie selten Gegenstand wissenschaftlicher Formulierung waren und sind.

A. Begriff des Publikums. Die öffentliche Meinung als rechtsbildender Faktor.

Den Ausgang einer Untersuchung über die öffentliche Meinung bildet ihre allgemein anerkannte tatsächliche Macht, mit der man zu rechnen hat. Sie ist die Herrscherin des modernen Geld- und Kreditwesens und ist für die Volkswirtschaft und Finanzpolitik von größter Wichtigkeit, da der Staatskredit und die Staatsanleihen, der Wert der Staatspapiere, der Verlauf der ökonomischen Krisen, die Art der Steuersysteme hauptsächlich von ihr abhängen. Sie übt Einfluß auf die praktische Politik in Kriegs- und Friedensangelegenheiten[1]), auf die Verfassungsbildungen[2]) aus. In Japan ist die öffentliche Meinung seit 1867 staatsrechtlich als selbständiger Faktor angesehen. Der jetzige Kaiser von Japan hat bei seiner Thronbesteigung den Eid geleistet: „Wir schwören in Übereinstimmung mit der öffentlichen Meinung und der Volksvertretung zu regieren.“[3]) Die öffentliche Meinung wird von dem Staatsmann mindestens aus taktischen Gründen beachtet[4]). In den völkerrechtlichen Beziehungen der Kulturvölker untereinander spielt die öffentliche Meinung bei völkerrechtswidriger, willkür-

---

[1]) Als Illustration für diese Behauptung sind einige Beispiele aus der jüngsten europäischen Vergangenheit anzuführen. Die Pforte hat dem Doyen des diplomatischen Korps in Konstantinopel folgende Note (betr. die europäische Flottendemonstration vom November 1905) eingereicht: „Le Gouvernement impérial déclare dès à présent, qu'il ne saurait assumer en aucune façon la responsabilité des événements des conséquences du mécontentement que l'opinion publique ottomane justement inquietée pourrait ressentir en présence des atteintes portées aux droits de l'empire. („Frankfurter Zeitung“) Nr. 326. Abendblatt, vom Freitag, 24/11. 1905). — Es gibt kaum einen anderen Ausdruck, welcher in der diplomatischen Sprache öfter benutzt wird, als der der „öffentlichen Meinung“! So hat z. B. der Doyen des diplomatischen Korps in Paris den Präsidenten der französischen Republik an dem feierlichen Empfang vom 1. Januar 1906 mit folgenden Worten begrüßt: Le raffermissement de la vigoureuse puissance de l'opinion puplique dominante a permis le développement d'œuvre durable du progrès .... („Le Temps“), de 2/3 Janvier 1906!

[2]) Bei dem Erlaß des russischen Verfassungsmanifests vom 8/10. 1905 hat der damalige Ministerpräsident erklärt, daß er der öffentlichen Meinung als Stützpunkt bedürfe. Er wolle mit ihr zusammen arbeiten (Petersburger Telegramm vom 31/10. 1905 — „Lokalanzeiger“ vom 1/11. 1905, Morgenblatt Nr. 543). Auch das Programm der nach dem Erlaß des Oktobermanifestes neugebildeten Partei der „Kadetten“ in Rußland enthielt folgenden Satz: „Unsere Kampfmethode besteht in der Organisation der öffentlichen Meinung.“ (S. „Vossische Zeitung“ Morgenausgabe. 19/4. 1905.)

[3]) Dareste. op. cit. T. II. p. 593.

[4]) Vgl. Bismarck's Gedanken und Erinnerungen. Bd. II. S. 113, 285. — In einer Danksagung des deutschen Reichskanzlers vom 24/5. 1906 an einen Staatssekretär heißt es: „Ich bin sicher, daß die öffentliche Meinung darin ebenso eine wohlverdiente Anerkennung Euerer Exc. großer Verdienste erblicken wird.“

licher Gewalt, bei Mißbrauch oder Vertragsbruch manchmal eine entscheidende Rolle. Die öffentliche Meinung erlangt aber positive Rechtsqualität erst im Strafprozeß und im Strafrecht. Ich erinnere nur an die durch sie erfolgte Beeinflussung der Schwurgerichte. Ferner kommen nach dieser Richtung in Betracht die §§ 186, 187, 189 des deutschen Strafgesetzbuches, welche in ihrer Formulierung den Begriff der öffentlichen Meinung enthalten, ohne ihn näher zu bestimmen[1]), so daß es dem Ermessen des Strafrichters überlassen ist, die Grenzen des Begriffs festzulegen[2]). Die öffentliche Meinung ist, wie aus dem Gesagten klar zu ersehen ist, neben dem Gesetz und der Regierungsgewalt eine anerkannt selbständige Instanz, eine Macht eigener Art[3]). Worin besteht nun diese Eigenart? Was stellt sie als Subjekt dar, welchen Inhalt und welche Organe hat sie, wie ist ihre Wirksamkeit beschaffen, welcher Natur sind ihre Faktoren?

Das Subjekt der öffentlichen Meinung ist das Publikum, dessen Begriff von Anfang an von dem Begriff der Öffentlichkeit, der Volksmenge (der Masse), scharf zu unterscheiden ist. Das lateinische Wort publicus, publice (der zu Grunde liegende

---

[1]) Der Begriff ist auch von den Kommentatoren des deutschen Strafgesetzbuches völlig unbestimmt gelassen. Vgl. E. T. Rubo, Kommentar über das Strafgesetzbuch für das Deutsche Reich. S. 712, Nr. 5. — Th. Oppenhoff, Das StGB. für das Deutsche Reich. S. 450. § 186 Nota 17. — J. Olshausen, Kommentar zum StGB. S. 719. § 186, Nota 4. — R. Frank, Das Strafgesetzbuch für das Deutsche Reich. S. 257, § 186, Nota 2. Vgl. auch K. Binding, die Normen und ihre Übertretung, Bd. I, S. 184, Nota 309 und L. v. Bar, Geschichte des deutschen Strafrechts und der Strafrechtstheorien. S. 314, Nota 328.

[2]) Van Calker betont (Ethische Werte im Strafrecht S. 8) die Wichtigkeit der öffentlichen Meinung für die Wirksamkeit der Strafrechtspflege, eine Tatsache, welche, nach ihm, „eine sorgfältige und objektive Untersuchung" verdient.

[3]) So lautet eine französische Verordnung vom 18.—21/8. 1792, wie folgt: Décret relatif aux libelles inciviques et autres écrits tendant à égarer l'opinion publique. Sehr beachtenswert sind in dieser Hinsicht die Ausführungen Metternichs. „L'opinion publique", schreibt er, „est le plus puissant des moyens, un moyen qui, comme la réligion, pénètre dans les recoins les plus cachés, et où les mesures administratives perdent leur influence; mépriser l'opinion publique est aussi dangereux que mépriser les principes moraux; si ces derniers peuvent renaître même là où on aurait voulu les étouffer, il n'en est pas ainsi de l'opinion: elle demande un culte particulier, une suite et une persévérance soutenues." (Nachgelassene Papiere, Bd. 2, S. 132).

Wortstamm ist populus — Volk, die Gesamtheit der Staatsbürger) entspricht in seinen beiden Gegensätzen latens, latenter (z. B. in latenti retinere jus civile im Gegensatz zu publice profiteri (l. 2 § 35 D. 1, 2)[1]) und privatus-privatim (z. B. priv. utilia (l. 1 § 2 D. 1, 1)[2]) dem deutschen Begriff der Öffentlichkeit (Wortstamm: off, offen, d. h. etwas was auf, zugänglich ist)[3]), in seinen Gegensätzen zu heimlich und privat mit dem wesentlichen Unterschied: der lateinische Ausdruck publicus bezog sich zuerst auf eine organisierte Allgemeinheit, auf den Staat[4]), auf ein Gemeinwesen (res publica), dem deutschen Wort lag ursprünglich im Gegenteil eine Beziehung zu einer unorganisierten Allgemeinheit, einer Vielheit von Einzelnen zugrunde. Erst mit der Aufnahme des römischen Rechts und unter der Einwirkung des Humanismus erlangten die Ausdrücke „öffentlich — Öffentlichkeit" auch die Bedeutung einer Beziehung auf den Staat; das Wort Publikum hat sich, wie Grimm behauptet[5]), in Berlin nach der französischen Wendung „le public" erst um 1750 gebildet, zur Bezeichnung der Allgemeinheit, bei der es unbestimmt ist, aus wie vielen und welchen Personen sie besteht. Diese auf der römischen und germanischen völkerpsychologischen Eigenart beruhende ursprüngliche Unterscheidung zwischen den Begriffen öffentlich und publicus, wobei bei dem ersten das gesellschaftlich unorganisierte, bei dem zweiten das organisiert-staatliche Moment maßgebend ist, weist auf den Grundunterschied zwischen Publikum und Volksmenge, Masse[6]), hin. Die Volksmenge ist eine Gruppe von Individuen, die sich

---

[1]) Seckel-Heumann's Handlexikon zu den Quellen des römischen Rechts S. 306.

[2]) Seckel-Heumann's Handlexikon. S. 459.

[3]) Grimm, Deutsches Wörterbuch, Bd. 7, S. 1163, 1180. — Lexer, Mittelhochdeutsches Wörterbuch, Bd. II. S. 146—147. — Schade, Altdeutsches Wörterbuch, S. 664.

[4]) Seckel-Heumann's loc. cit. (S. 477), publicus — öffentlich: auf den Staat bezüglich, den Staat betreffend; das Wort publice ist als Fremdwort mit vielen Ableitungen von der deutschen Sprache aufgenommen, so Publikation, Publizität, Publizist; das publicare, puplicatio entspricht den Wörtern veröffentlichen, Veröffentlichung.

[5]) Deutsch. Wörterb. Bd. 7. 2201.

[6]) Über die massenpsychologische Literatur (Tarde, Sighele, le Bon) vgl. die Heidelberger Dissertation von Robert E. Park, Masse und Publikum, die

persönlich berühren und sich durch diesen physischen Kontakt psychisch beeinflussen. Das Publikum ist eine Gruppe, deren Individuen sich weder sehen, noch hören, noch kennen, also physisch getrennt, psychisch einheitlich[1]) verbunden sind. Der Unterschied ist also ein prinzipieller. Das Ausschlaggebende bei der Volksmenge ist die aus dem Grunde der stillschweigenden Vereinbarung (etwa einer Versammlung) oder der Organisation (etwa eines Vereines[2])) erfolgte persönliche Berührung, Publikum ist dagegen eine Personenmehrheit, welche ihrer Zahl und Individualität und ihrem Verhalten nach unbestimmt ist. Die Volksmenge ist ein individuell bestimmter Personenkreis, sie ist räumlich und zeitlich bedingt, sie ist gebunden an den Raum der Zusammenkunft, der Volksversammlung, des Kaffeehauses, des Theaterlokals, und von diesen begrenzt, sie ist gebunden an einen bestimmten Zeitverlauf; das Publikum hat kein räumliches Substrat, bewegt sich frei, ist verbunden nur durch eine für eine unbestimmte Anzahl Personen gegebene Möglichkeit, einen Vorgang zu erleben und wahrzunehmen[3]).

Die Volksmenge bildet den Grundbegriff des Versammlungs- und Vereinsrechts, das Publikum den des Preßrechts[4]).

---

trotz des Titels den begrifflichen Unterschied zwischen Masse und Publikum unerörtert läßt, und G. Simmel „Massenpsychologie" in der Wiener „Zeit" Bd. V und VI. S. 118. — Karl von Grolmann (Grundsätze der Criminalwissenschaft. S. 80. 317) nimmt den Begriff des Publikums als Kriterium für gewisse Deliktsarten an, ohne ihn näher zu charakterisieren — das Publikum ist für ihn einfach eine „Mehrheit von Menschen". — „Ein Gemisch verschiedener Klassen" — ist das Publikum nach Gustafsson, Über die unbeschränkte Preßfreiheit, S. 7.

[1]) Voltaire hat „das Publikum" mit plastischer Anschaulichkeit definiert „Que dites-vous", schreibt er am 10. Sept. 1773 an Mme. de Deffaut, „de ce monstre énorme qu' on apelle le public, et qui a tant d'oreilles et de langues, étant privé des yeux. (citiert bei Littré, Dictionnaire de la langue française q. 1578).

[2]) Vgl. über den Begriff der Vereinsorganisation F. K. Neubecker Vereine ohne Rechtsfähigkeit. I. Teil 1908. S. 9.

[3]) Diese scharfen begrifflichen Grenzen zwischen Publikum und Volksmenge lassen sich natürlich in der Wirklichkeit nicht feststellen, ein Publikum kann in jedem Augenblick Volksmenge werden und umgekehrt.

[4]) J. Goldschmidt, (Verwaltungsstrafrecht S. 419, 530, 554, 547,) faßt das Publikum als den Grundbegriff des Verwaltungsrechts auf.

Die öffentliche Meinung ist nun das Produkt eines bestimmten Verhaltens des Publikums gegenüber Ereignissen und Fragen von allgemeinem Interesse. („Opinion of the public“, „sentiment of the public“.) Die Ansichten darüber, was die öffentliche Meinung sei, gehen weit auseinander[1]).

Die öffentliche Meinung ist im Gegensatz zu der Meinung der einzelnen eine Funktion des Publikums. Als solche ist sie keine bloße arithmetische Summe der Einzelmeinungen, auch keine Durchschnittsmeinung[2]), Volksmeinung[3]) oder eine Summe von Parteimeinungen, wie die einen — sie ist ebensowenig die Meinung der Mittelklassen[4]) oder der gesunde Menschenverstand[5]), wie die anderen behaupten. Die öffentliche Meinung

[1]) Nur eine sorgfältige völkerpsychologische und kulturgeschichtliche Analyse der öffentlichen Meinung verschiedener geschichtlichen Epochen würde die sozialfunktionelle Tätigkeit der öffentlichen Meinung beleuchten können. Dies hat schon Voltaire (Dictionnaire philosophique. Tome VI („Oeuvres“ p. 298) mit Scharfsinn hervorgehoben: „Quelle est l'opinion de toutes les nations, du nord de l'Amérique et de celles qui bordent le détroit de la Sonde, sur le meilleur des gouvernements, sur la meilleure des réligions, sur le droit public ecclésiastique, sur la manière d'écrire l'histoire, sur la nature de la tragédie, de la comédie. . . Il est clair, que tous les peuples n'ont aucune opinion sur les choses dont ils n'ont point d'idées.“ Von der Literatur über den Gegenstand sei genannt: G. Paschius, Opitius, De pronunciato illo: Vulgus regitur opinionibus. — Gersdorf, Über den Begriff und das Wesen der öffentlichen Meinung. — G. C. Lewis, An essay on the influence of authority in matters of opinion. — Freiherr v. Liliencron Mitteilungen aus dem Gebiete der öffentlichen Meinung in Deutschland. — O. Thiebault, Traité sur l'esprit public. — F. v. Holtzendorff, Wert und Wesen der öffentlichen Meinung. — G. Tarde, L'opinion et la foule. — Homersham Cox, The British Commenwealth (vgl. ch. XVII: The nature and autority of Public Opinion). — Paulsen, System der Ethik, S. 304. — Tönnies, Gemeinschaft und Gesellschaft 430. — J. Schollenberger, Politik in systematischer Darstellung, S. 109. — Schmoller, Grundriß der Volkswirtschaftslehre I, S. 11. — Wuttke, Die Entstehung der öffentlichen Meinung. „Opinion Publique“ Art. in „Dictionnaire Général de la Politique“ par Maurice Block, T. 2, p. 423. — Schäffle, Bau und Leben des sozialen Lebens, S. 189. — James Bryce, The American Commonwealth (Bd. 2, Abschn. 4).

[2]) Biedermann, Art. „Öffentliche Meinung“ in Rotteks und Welkers Staatslexikon.

[3]) A. Lasson. Das Kulturideal und der Krieg. S. 181.

[4]) Bluntschli. Politik. S. 188.

[5]) Vgl. Cox (The British Commonwealth S. 221) im Anschluss an den Anspruch des Erasmus: Nemo minus ducitur vulgi judicio; sed rursus nemo

ist kein Wissen[1]), sondern eben Meinung, und darum auch kein Volkswille, Ausdruck von Wünschen (Referendum, Plebiszit, Wahlen). Man hat sie bewertet als „öffentliche Dummheit"[2]) oder sie als die „Resultante aus dem Parallelogramm der Kräfte der Parteien und Stände und indifferenten Elemente des Volks, als die stärkste Meinung" zu fassen versucht[3]).

Die öffentliche Meinung ist vielmehr das Resultat eines sozialen Prozesses, welcher gewöhnlich aus zwei Stadien besteht, aus einem rudimentären Stadium, in dem von dem empfänglichen Publikum spontan eine Augenblicksstimmung erzeugt wird, wie aus einem entwickelteren, in dem dieser Gefühlsverlauf rationalisiert wird; dieser Prozeß dürfte sich alsdann in der Weise vollziehen, daß das unbestimmte und unbestimmbare Publikum aus einer Einheit von Augenblicksurteilen heraus gewisse Probleme von allgemeinem Interesse bewertet. Darin liegt die staatsrechtlich ebenso wichtige, wie juristisch schwer faßbare Wirksamkeit dieses „Gerichtshofes"[4]) der öffentlichen Meinung, sie bildet neben der Staatsgewalt und deren Produkten, den Gebote und Verbote feststellenden positiven Gesetzen, eine selbständige

---

minus a sensu communi" und an Hamiltons Abhandlung: „Dissertation on the Philosophy of Common Sense" (1849). Ebenso Hegel, Grundlinien der Philosophie des Rechts. Berlin 1821, S. 323.

1) Noch weniger ist sie „das Streben eines Volkes nach seiner Selbsterkenntnis", wie K. Rosenkranz (kurzer Begriff der öffentlichen Meinung [1813]) sie bezeichnet hat.

2) Bismarcks „Gedanken und Erinnerungen" Bd. II, S. 28. Die Geringschätzung der öffentlichen Meinung (eine Bewertung aber, die nicht zu der Erkenntnis des Objekts beiträgt) ist auch in der 55. Sitzung (v. 12/5. 1906) des preußischen Abgeordnetenhauses zum Ausdruck gelangt, indem man die öffentliche Meinung als eine bloße „übereinstimmende Ansicht einer Mehrheit von Zeitungsschreibern" oder gar nur als „ein wirres Geräusch, das durch Aneinanderklappern so und anders gefärbter Bretter entsteht, welche die Menschen vor ihren Stirnen haben" charakterisiert hat.

3) Schollenberger, S. 111. Die oben wiedergegebenen Begriffsbestimmungen der öffentlichen Meinung könnte man beliebig vermehren, so ist an die geistreiche (und nichtssagende) Definition zu denken, welche in der Diplomatenwelt verbreitet ist: Il y a quelqu'un, qui a plus d'esprit que Monsieur de Talleyrand, c'est toute le monde. (Bismarcks Gedanken und Erinnerungen. I, S. 310.)

4) Paulsen, op. cit. S. 345, Bd. I.

beratende soziale Urteilsinstanz [1]), welche eine tatsächliche Gewalt ausübt, indem sie tadelt und lobt, ablehnt und anerkennt, mahnt, warnt, drängt oder hemmt [2]).

Die Faktoren, aus denen die Öffentlichkeit, resp. die Volksmenge sich bildet, waren seit jeher die Volksversammlungen, die Theateraufführungen, die Vereine, das Gespräch, die Privatkorrespondenz; diejenigen der öffentlichen Meinung des Publikums das Buch und vor allem und hauptsächlich die Presse, die Zeitungen. England stellt jedoch eine Ausnahme dar. Es bildete sich in England eine öffentliche Meinung, bevor es im heutigen Sinne des Wortes eine Presse gab, und zwar im Anschluß an die öffentlichen Debatten, die sich auf praktisch politischem Gebiete wegen der parlamentarischen Tätigkeit entwickelten. Die Vervollkommung der technischen Preßeinrichtungen hat nur dahin gewirkt, der öffentlichen Meinung einen stärkeren Einfluß auf die Gestaltung der Staatsangelegenheiten zu geben. Das

[1]) Diese Tatsache ist schon von Locke (Essay concerning human understanding, Bd. II, ch. 18 § 7) betont und von Cox (The British Commonwealth) besonders hervorgehoben worden: „the just influence of public opinion on legislation is obviously twofold—foi the improvement of laws and for the stability of government" (p. 229). — Die öffentliche Meinung ist nach Locke das Korrektiv der bürgerlichen Gesetze (vgl. Wundt, „Ethik" Bd. I, S. 400). — Siehe auch das obige Zitat von Lasson op. cit. S. 118: So übt das Volk mit seinem Fühlen und Streben eine politische Aktion, die neben derjenigen des Staates einhergeht und sich vielfach mit ihm kreuzt. Vgl. neuerdings auch G. Jellinek, Verfassungsänderung und Verfassungswandlung. S. 73/74.

[2]) Aus diesem Grunde ist die Personifizierung der öffentlichen Meinung durch den Sprachgebrauch zu erklären, wie aus folgenden wortgetreu wiedergegebenen Zeitungsnotizen zu ersehen ist. Nach der Urteilsfällung in einem Prozess stand in einem Leitartikel: „das Urteil in dem Breslauer Sensationsprozess, der nahezu einen Monat hindurch die öffentliche Meinung in Atem hielt. . . ." („Berliner Tageblatt" v. 16/7. 1906, Morgenausgabe); in einem Telegramm über das Judenmassakre in Bialystock aus Petersburg forderte man: „die öffentliche Meinung der zivilisierten Welt muß über die bevorstehenden Ereignisse aufgeklärt werden". („Berliner Tageblatt" v. 18/6. 1906, Morgenausgabe); während der Marokkoaffäre schrieb Clemenceau: „die öffentliche Meinung der gesitteten Menschheit soll in die Lage versetzt werden, über uns zu urteilen". („Vossische Zeitung" 27/6. 1906. Abendausgabe); die die Regierungserklärung des französischen Ministerpräsidenten vom 14/3. 1906 ententhält den Satz: „niemand wird vor der öffentlichen Meinung die Verantwortlichkeit übernehmen". (Spezialbericht des „Berliner Tageblatts" v. 15/3. 1906).

Publikum, resp. die öffentliche Meinung ist in England heute ein das Staatsleben bestimmender Faktor geworden. Die öffentliche Meinung wird bereits in englischen Staatsrechtsbüchern als Gesetzgebungsfaktor behandelt. So hat Hosmersham Cox in seinem Werk „The british Commonwealth" dies ausdrücklich hervorgehoben: „Public opinion is so generally recognised as a power of British Government, and so continually appealed to as an authority in matters of political controversy, that on inquiry respecting the principles of the constitution would be necessarily incomplete without a consideration of the nature of public opinion, the influence which it has, and the influence which it ought to have, in government."[1]) Dicey hat neuerdings in seinem stoffreichen Werke „Law und Public opinion in England during the nineteenth century,"[2]) einem der besten Bücher, das zur Erkenntnis der englischen Gegenwart in hohem Maße beiträgt, dargetan, was die öffentliche Meinung als rechtsbildender Faktor bedeutet, wie innig sie im England des 19. Jahrhundert mit der positiven Gesetzgebung zusammenhängt — „Law in modern England", schreibt Dicey, „the result of public opinion" (p. 9.). Er zeigt in seinem Werke die Änderungen in der öffentlichen Meinung (three schools of opinion) und die entsprechenden Änderungen in der Gesetzgebung. Nach ihm herrschte in England vom Jahre 1760—1825 ein Optimismus, der zum Stillstandin der Gesetzgebung und zur Reaktion führte, dann vom Jahre 1825—1865 der entschiedene Liberalismus, der verschiedene Reformen im bürgerlichen, freiheitlichen Sinne mit sich brachte, schließlich setzte im Jahre 1865 der Kollektivismus ein, der seitdem die ganze Gesetzgebung beeinflußte und noch andauert. Das Werk von Dicey hat erwiesen, daß die öffentliche Meinung in England stets eine Stütze und Ergänzung der parlamentarischen Tätigkeit war. Unter dem Druck dieser Macht hat sich auch die Preßfreiheit in England geschichtlich entwickelt.

---

[1]) Hosmersham Cox, „The British Commonwealth", p. 220.

[2]) A. V. Dicey. Lectures on the relation between Law and Public opinion in England during the 19 century. (Das Buch besteht aus einer Anzahl von Vorträgen, welche Dicey auf Einladung der Harvard-Universität in Cambridge gehalten hat).

B. Preßfreiheit in England.

Die englische Preßfreiheit ist ein Teil der organisierten Freiheit des öffentlichen Lebens in England, dieser Freiheit, die in unnachahmbarer Weise durch die Selbstverwaltungspraxis, durch den eigenartigen Parlamentarismus und die kontrollierende Wirkung der öffentlichen Meinung individuelle und öffentlich-staatliche Interessen ausgleicht[1]). Ein Ergebnis solcher Ausgleichung ist auch die Preßfreiheit in England; sie ist in keiner geschriebenen Verfassungsquelle[2]) ausdrücklich proklamiert und garantiert, durch kein spezielles Preßgesetz geregelt, ihre Grundlage bilden nur eine negative und eine positive Parlamentsentscheidung von 1695 und 1792, und einige in der zweiten Hälfte des 19. Jahrh. erteilte Privilegien.

1642 ging die Zensur, welche bis dahin die Sternkammer inne hatte, auf das Parlament über. 1644 erschien der an das englische Parlament gerichtete Aufsatz von Milton („Areopa-

---

[1]) Vgl. zum Verständnis der englischen Nationaleigenart L. Stephen, English Thought in the eighteenth Century, L. Stephen, The English Utilitarians; H. Sidgwick, The development of European Polity; W. E. H. Lecky, The leaders of Public Opinion in Ireland; W. E. H. Lecky, Democracy and Liberty; G. C. Lewis, A Treatise on the Methodes of Observation and Reasoning in Politics; H. Sidgwick, The Element of Politics. E. Boutmy, Essai d'une Psychologie politique du Peuple anglais au XIX siècle; Max Leclerc, Les Professions et la Société en Angleterre; Todd, Parlamentary government in England, its origin, development and practical operation.

[2]) Die englische Pressfreiheit ist weder in den Unionsverträgen (mit Schottland in 1707, mit Irland in 1800) noch in den berühmten Kompromißpakten zwischen König und Volk, resp. Parlament (Magna Charta v. 1215, Bill of Rights v. 1688, dem Act of settlement v. 1701) mit einer Silbe erwähnt worden; sie ist ein Teil der Lex non scripta (Commonlaw), und sie stützt sich im Gegensatz zu dem allgemein gültigen vorwärtsschauenden Preßfreiheitsprinzip, welches die amerikanische und französische Erklärung der Menschenrechte aufgestellt hat, auf dem in der Entscheidung einiger Präzedenzfälle sich ausdrückenden Rechtsgedanke. Die Geschichte der englischen Preßfreiheit ist öfters geschrieben worden (vgl. Blackstone, IV. p. 152. — Homersham Cox, Die Staatseinrichtungen Englands, übers. S. 247—261. — Rudolf Gneist, Selfgovernment, Communalverfassung und Verwaltungsgerichte, S. 256. — Fischel, Die Verfassung Englands, S. 84. — May, The constitutional history of England. II. ch. IX and X. — J. Hatscheck, Englisches Staatsrecht II, S. 549f. Hier handelt es sich nur um die Erwähnung derjenigen Tatsachen, welche die geltenden Grundsätze des jetzigen englischen Preßrechtssystems klar machen.

gitica") für die Zensurfreiheit, welcher ohne den ersehnten Erfolg blieb; nach der Wiederherstellung des Königtums unter Karl II. wurde die Überwachung der Presse durch den sogenannten Licensing Act vom 19. Mai 1660 (vorläufig auf drei Jahre, jedoch später bis zum Jahre 1679 erneuert) vollzogen. Am 26. Mai 1679 bei der Erteilung der Habeascorpus-Acte durch Karl II. ist der Licensing Act zeitweilig außer Kraft getreten, die Presse wurde aber um so strenger überwacht. Im Jahre 1685 sind die Zensurgesetze wieder auf sieben Jahre eingeführt worden, ferner wieder 1692 auf ein Jahr und so weiter bis zum Jahre 1695. In diesem Jahre hat sich das Unterhaus geweigert, das Zensurgesetz zu erneuern; weil aber die Lords für die Erneuerung waren, verlangten die Gemeinen eine Konferenz und ernannten ein Komitee von Wortführern. Der Leiter des Komitees Edward Clarke legte den Lords eine Denkschrift vor, in der die praktischen Gründe auseinander gesetzt waren, die gegen die Erneuerung sprachen. Sie ist während der Beratung des Hauses über die Verlängerung oder Verwerfung der Zensurakte von Locke[1]) verfaßt. Die Denkschrift hat auf die Lords Eindruck gemacht; sie gaben nach, vermutlich unter der Bedingung, daß man eine andere Bill vorschlagen würde. In der Tat wurde eine andere Bill, betreffs Regelung der Presse an das Unterhaus gebracht und zweimal gelesen, die Session ging aber zu Ende, bevor das gewählte Komitee Bericht erstatten konnte. Seit diesem negativen Parlamentsbeschlusse gegen die Erneuerung der Zensurakte (1695), mit deren bloßem Erlöschen ist die Preßfreiheit in England Recht geworden[2]).

---

[1]) Das interessante Schriftstück, das in der Literatur über die Geschichte des englischen Preßrechts wenig Beachtung gefunden hat, ist bei H. R. Fox Bourne, Life of Locke, vol. 2, S. 312ff. und bei Lord Peter King, The life and letters of J. Locke, zu lesen (vgl. Ed. Fechtner, Ein Bild aus den geistigen Kämpfen Englands im 17. Jahrhundert, S. 220f).

[2]) Macaulay, Geschichte von England, deutsch Bd. 7, (S. 157). „Dies Ereignis" scheibt Macaulay, „welches um jene Zeit wenig Aufmerksamkeit erregte, welches keine Bewegung der Geister hervorrief, welches von bändereichen Chroniken nicht beachtet wird, dessen Geschichte nur unvollständig in den Archiven des Parlaments verfolgt werden kann, welches aber für

Das Jahr 1792 ist das andere Datum, das für das gegenwärtige Preßfreiheitssystem in England grundlegend geworden ist. In diesem Jahre gab nämlich das Parlament nach heißem Kampf das so wichtige strafprozessualische Gesetz, das dem Schwurgerichte die Befugnis erteilt, seinen Spruch „Schuldig" oder „Nichtschuldig" über das Ganze des ihm vorgelegten preßrechtlichen Tatbestandes zu fällen. Bis zum Jahre 1770 war das Herkommen, daß das Schwurgericht nur über die Tatsache der Publikation einer Schrift entschied, während über alles andere (über den Sinn einer Schrift, ob sie eine Verleumdung enthalte oder nicht) die Richter zu sprechen hatten: ad quaestionem facti respondent curatores, ad quaestionem juris respondent judices. Im Jahre 1769, bei einer der Schwurgerichtsverhandlungen gegen Woodfall, den Herausgeber der „Public Advertiser", in welcher der kühnste Libelist aller Zeiten, Junius seine befürchteten Pamphlete schrieb, hat die Jury den Wahrspruch: Schuldig des Drucks und der Publikation ausgesprochen, sie nahm also auch eine Entscheidung über die strafbare Absicht in Anspruch. Das Tribunal fand, daß dadurch die Jury ihre Vollmacht, über die Tatsache der Veröffentlichung allein zu entscheiden, überschritten habe, und beschloß, den Prozeß von neuem beginnen zu lassen. Bei einem späteren Termine wurde unter dem harmlosen Vorwande, daß der Vormann der Jury den Beweis der Publikation das Zeitungsblatt vermisse, in Wahrheit aber wohl aus anderen Gründen die Verhandlung abgebrochen[1]). Dieser Prozeß gegen Woodfall wurde der Anfang einer Reihe von Streitigkeiten über die Befugnisse der Richter und Geschworenen im Libelprozeß, welche ihr Echo auch im Parlament fanden. Im Jahre 1770 wurde eine Bill im Sinne der Beilegung des Streites eingebracht, von Burke unterstützt und von Fox bekämpft, aber nicht durchberaten; 1771 brachte Dowdeswell eine Bill ein, nach

die Freiheit und die Gesittung mehr getan hat als die Magna Charta oder die Bill of Rights.")

[1]) Vgl. Frd. v. Gentz, Über die Pressfreiheit in England und die Briefe von Junius, S. 91. Viele Fälle aus der englischen Gerichtspraxis enthält das Buch von Julius Lorbeer, Die Grenzlinien der Rede- und Preßfreiheit.

welcher die Jury ermächtigt werden sollte, in Libelssachen über den gesamten Inhalt der Anklageakte (also sowohl über die Tatsache der Veröffentlichung, als auch über die Tendenz der Schrift und Gesinnung des Verfassers) zu entscheiden, sie erlangte aber nicht Gesetzeskraft. Erst 1792 gelang es dem Gegner der Bill von 1771, Fox, die Dowdeswellische Bill wieder auf die Tagesordnung zu bringen, und durch deren Annahme unter dem Namen der Foxschen Bill die Streitfrage gesetzlich zu regeln[1]).

Die Preßfreiheit in England gründet sich aber nicht nur auf das Nichtvorhandensein von gesetzlichen Schranken und auf die stetige Kontrolle der öffentlichen Meinung durch die Jury, sie ist auch ausdrücklich durch besondere Gesetze privilegiert, so daß man wohl von einer preßrechtlichen Immunität sprechen darf. 1843 (6 et 7 Vict. c. 96, Lord Campbell's Act[2]) hat man die parlamentarische Immunität, d. h. die Straflosigkeit gutgläubiger Berichte über parlamentarische Verhandlungen und Mitteilungen parlamentarischer Akte eingeführt. Ein Gesetz von 1881 (44 et 45 Vic. c. 60, Newspaper libel and Registration Act[3]) privilegiert ebenso die Berichte über Vorgänge in öffentlichen Versammlungen, über offizielle Mitteilungen und Vereinssitzungen; dasselbe Gesetz von 1881 schützt die Presse vor jeder beliebigen Anklage, indem es bestimmt, dem gewöhnlichen Strafprozeßverfahren entgegen, bei dem jedem Staatsbürger die Strafanklage zusteht, daß die Klage wegen Libel nur mit schriftlicher Genehmigung des Direktors of Public Prosecutions erhoben werden kann. Das Gesetz von 1888 (51 et 52 Vict. c. 64, Law of Libel Amendment Act) spricht die Pressimmunität betreffs der öffentlichen Gerichts-

---

[1]) v. Gentz, op. cit. S. 92. De Lolme, (Constitution de l'Angleterre,) würdigt die Annahme der Foxschen Bill, wie folgt: C'est, même, cette circonstance qui constitue, surtout, la liberté de la presse. Sehr lesenswert ist die 1793 erschienene Arbeit von Robert Hall, An Apology for the freedom of the Press.

[2]) Vgl. den englischen Text bei Celso Grassi, La legislazione inglese sulla stampa, S. 493. — J. C. H. Flood, A treatise on the Law concerning Libel and Slander p. 427.

[3]) George Elliott, The Newspaper Libel and Registration Act, 1881 p. 56f.

verhandlungen und der Verhandlungen kommunaler Körperschaften aus[1]).

Die rechtlichen Voraussetzungen dieser Privilegien[2]) sind nur die jährliche Erneuerung der Anzeige des Titels der Zeitung und der Angabe des Geschäfts und Wohnortes ihrer Eigentümer.

Die Presse in England als Organ der öffentlichen Meinung ist ein nationales, vom Staat als solches anerkanntes Institut, eine Urteilsinstanz über Probleme und Ereignisse von öffentlichem Nutzen und öffentlichem Interesse, unbedingt frei, d. h. nicht, wie auf dem Kontinent, durch besondere Preßgesetze beschränkt. Mit vollem Rechte konnte Stephen die englische Preßfreiheit definieren: „The expression, Liberty of the Preß, means in reality (like all other phrases into which the word liberty enters) the power of the press, and upon this point I think the preß has far more power over the reputation of people in general than it ought to have“[3]). Aber die durch die Presse verbreiteten boshaften und falschen, für das Individuum als beleidigend qualifizierten Tatsachen werden mit einer auf dem Kontinent nicht bekannten Strenge auf Grund der Gesetze über die sogenannten Libels bestraft, die freilich nur strafrechtliche, nicht eigentlich und wesentlich preßrechtliche Bedeutung haben[4]).

---

[1]) Vgl. den ursprünglichen Text bei Celso Grassi, op. cit. p. 510.

[2]) Siehe für die allgemeine juristische Natur dieser Priviligien folgende Monographien: Michel Halewyck, Le régime légal de la Presse en Angleterre. — Louis Helbronner, De la diffamation et de la repression dans le droit anglais.

[3]) James J. Stephen, A History of the Criminal Law vol. II. p. 384. Charakteristisch für die englische Preßfreiheit ist der ältere Aufsatz von David Hume, „Of the liberty of the Press“, in Essays literary, moral and political p. 11.

[4]) Sie erstrecken sich beispielsweise auch auf die briefliche Korrespondenz. Vgl. für die älteren Gesetze, Th. Holt, The Law of Libel (darüber auch eine belehrende Recension in The Edinburgh Review (1816, p. 102), unter dem Titel „Liberty of the Press and its Abuses“), sonst s. Odgers, A digest of the law of Libel and Slander. — L. Helbronner, op. cit. S. 28. — Celso Grassi, op. cit. S. 23. — F. T. Cooper, The Law of Defamation and verbal Injury, p. 6, S. 285. — R. J. Kelly, The Law of Newspaper Libel, S. 26. — R. K. Wilson, History of modern English Law, S. 89, 223, 239. — Die Beleidi-

III. Preßverwaltungsrecht, Preßverwaltungsstrafrecht, Preßstrafrecht.

Die Entwicklung der Staatsgewalt in Beziehung auf das Recht der Gedankenäußerung bildet einen der reizvollsten Abschnitte der Rechts- und Geistesgeschichte der Menschheit, kann aber hier nicht näher dargestellt werden. Es genügt im großen und ganzen drei Phasen festzustellen. Die Gedankenäußerung wird zuerst in dem absolutistischen Staat entweder als eine mystische Macht angesehen, und dann von einigen wenigen Geistlichen monopolisiert, oder als eine ketzerische Betätigung, als Ausdruck übernatürlicher Kräfte betrachtet, und daher einfach verboten. Allmählich erkennt der Polizei- und Wohlfahrtsstaat den Gedanken als Produkt des schöpferischen Individuums an, er betrachtet es aber als eine ihm anvertraute hohe Aufgabe, den Regierungsgedanken vor der angreifenden Analyse des individuellen Geistes zu schützen. Endlich verliert der Gedanke in dem Kulturstaat den Charakter des Ketzerischen und Mystischen und befreit sich soweit von seiner direkten Unterordnung unter das Individuum, daß er als höchster Ausdruck der Persönlichkeit eine selbständige Kraft gewinnt; dies erkennt der Kulturstaat denn auch an und regelt die Gedankenäußerung durch besondere Gesetze.

Es handelt sich bei diesen Phasen der staatlichen Anerkennung des Rechts auf Gedankenäußerung um den Kampf für die staatliche Anerkennung des Individuums als Persönlichkeit, als Subjekt mit Pflicht und Recht. Die drei hier skizzierten Perioden lassen sich bezüglich der Rechtsstellung des Individuums zwanglos auf folgende drei allgemeine juristische Gesichtspunkte zurückführen[1]: das Individuum ist auf der ersten Stufe rechtlos,

---

gung von Liepmann S. 305 (England-Amerika) im IV. Bd. d. Vergl. Darst. des deutsch. und ausländ. Strafrechts). — Üble Nachrede und Verleumdung v. Lilienthal, S. 439 (England), ebenda.

[1]) Um mögliche Mißverständnisse vorzubeugen, füge ich hinzu, daß die Einteilung der Entwicklung in die im Texte angedeuteten Phasen, sowie die zuletzt erwähnte Einteilung nach den drei juristischen Gesichtspunkten cum grano salis zu verstehen sind, keinen öden Schematismus darstellen, sondern das in einer Phase typisch Vorherrschende und juristisch Bedeutsamste hervorheben sollen; es gibt natürlich viele Abweichungen von dem Typus in Einzelheiten. Zwei Bei-

die Staatsgewalt ist unabhängig von jedem Rechtssatz — sie wird durch die Verwaltungswillkür der Staatsorgane ausgeübt; auf der zweiten Stufe ist das Individuum Rechtsobjekt, die Staatsgewalt (bezw. die Verwaltungsorgane) an das objektive Recht gebunden, das Individuum objektiven Erfordernissen und Obligationen unterworfen, also dem Bereich der administrativen Willkür entzogen; auf der letzten Stufe ist das Individuum Pflichtsubjekt, die Staatsgewalt hat ihm gegenüber nur subjektive Rechte, die erst vor dem Gericht durchzusetzen sind. Diese Gesichtspunkte kommen in der Geschichte und Struktur des Preßrechts zum Ausdruck. Es gibt auch hier drei Systeme, welche der Presse gegenüber zur Herrschaft gekommen sind; die prohibitive Prävention des Preßverwaltungsrechts, d. h.[1]) ein System von Einzelanordnungen, welche einen Mißbrauch der Freiheit Gedanken zu äußern, nach arbiträrem Ermessen vor der Tat vorzubeugen bestimmt sind; die reglementäre Prävention des Preßverwaltungsstrafrechts, d. h. ein System von bestimmten Rechtssätzen über Ordnungs- und Sicherheitsmaßregeln, welche man bei der Äußerung der Gedanken zu beachten hat; und die Repression des Preßstrafrechts, auf Grund von Bestimmungen, welche nach der Tat zur gesetzlichen Ahndung eines Mißbrauchs des Gedankenäußerungsrechts dienen[2]).

---

spiele hierfür: man findet das der späteren Entwicklung des Preßrechts, des Preßstrafrechts, Entsprechende schon in den Strafbestimmungen für Gedankenäußerung bei den Römern („liber famosus"), vgl. W. Rein, das Criminalrecht der Römer, S. 378f. — Th. Mommsen, Römisches Strafrecht, S. 794f. — E. Henriot, Mœurs juridiques, S. 262; in der Überwachung des Handschriftenhandels durch die Universitäten im Mittelalter ist ferner der Keim der später sich entwickelnden preßverwaltungsstrafrechtlichen Bestimmungen zu erblicken, so daß Hatin (Manuel théorique et pratique de la liberté de la presse, I, p. 9) mit Recht sagen konnte: la censure a précédée la naissance de l'imprimerie.

[1]) Die Terminologie: Preßverwaltungsrecht, Preßverwaltungsstrafrecht und Preßstrafrecht schließt sich an Otto Mayer, deutsches Verwaltungsrecht, I, S. 319ff., M. E. Mayer, Rechtsnormen und Kulturnormen, S. 109f., und besonders an J. Goldschmidt, das Verwaltungsstrafrecht (vgl. auch „Deutsche Juristenzeitung" VII. S, 212. Die Deliktsobligationen des Verwaltungsrechts; das Verwaltungsstrafrecht im Verhältnis zur modernen Staats- und Rechtslehre).

[2]) Die formulierten Begriffe: Prohibitive Prävention, Reglementäre Prävention, Repression schließen sich nicht ganz aus, kreuzen sich vielmehr; so gibt es beispielsweise repressive Maßregeln mit gleichzeitig reglementären, reglementäre

A. System der prohibitiven Prävention. — Begriff des Preßverwaltungsrechts.

Der sogenannte Polizeistaat hat die Gedankenäußerung mit allen ihm zur Verfügung stehenden Mitteln zu verhindern versucht. Diese vorbeugenden Maßregeln, welche, wie man in dem Polizeistaate zu sagen pflegte, dazu bestimmt waren, „die Preßfreiheit nicht in Preßfrechheit ausarten zu lassen“[1]), können in zwei Klassen eingeteilt werden: in die der reinen Verwaltungsmaßregeln, welche die Preßfreiheit zu beschränken hatten, und in die Maßregeln der Zensur, deren Aufgabe es war, die Preßfreiheit zu negieren.

a. Verwaltungsmaßregeln zur Beschränkung der Preßfreiheit.

Die Maßregeln zur Einschränkung der Preßfreiheit lassen sich in vier Gruppen scheiden, und zwar solche, die die Ent-

---

Maßregeln mit gleichzeitig prohibitivem Charakter, usw. Sehr belehrend ist in dieser Hinsicht der berühmte Streit, welchen uns die reiche Geschichte der französischen Preßgesetzgebung überliefert, um die Worte: restreindre, prévenir und reprimer. 1789 hat Mirabeau Robespierre und Barère gegenüber behauptet: „Mais c'est à tort que tous les projets portent le mot restreindre: le mot propre est reprimer“. „La liberté de la presse“, bemerkt er richtig, „ne soit pas être restreinte; les délits commis par la voi de la presse doivent être réprimés“, (vgl. Hatin. Histoire, Bd. 8, p. 13) „Prévenir et réprimer sont synonimes“, meint der Minister des Innern Abbée de Montesquieu bei der Diskussion über die Redaktion des Paragraphen betr. Preßfreiheit der Verfassungscharte von 1814, denn „qui prévient réprime“. Benjamin Constant äußert sich dann in einer geistvollen Rede dagegen (vgl. „Œuvres“ I, p. 490: Observation sur le Discours prononcé par S. E. le ministre de l'Intérieur en faveur de Projet de loi sur la liberté de la Presse [1814]): Réprimer n'est pas prévenir. Ici je ne puis m'empêcher de plaindre ces défenseurs du projet, transformés subitement en grammairiens laborieux, qui ont pâli sur les dictionnaires pour dénaturer le sens d'une expression que jusqu'à ce jour tout le monde avait compris. . . . . Raynouard hat in seinem im Juli 1814 erstatteten Bericht über den Preßgesetzentwurf de Montesquieu's die Streitfrage prägnant formuliert; „Réprimer n'a jamais été synonyme de prévenir. Prévenir c'est empêcher que le mal ne naisse; réprimer c'est empêcher qu'il ne fasse de progrès. La loi qui prévient ne réprime pas: puisqu'elle empêche le délit de naître. La loi qui punit le délit, en le punissant, l'empeche de faire de progrès. . . . . .“ (Avenel. op. cit. p. 106). S. über die prinzipielle Bedeutung des Streites auch J. Tambaro, La libertà della stampa e il diritto penale, p. 50f.

[1]) So lautet eine Allerhöchste Ordre Friedrich Wilhelms II an Wöllner vom 10/9. 1788. Der Satz kommt auch später in der Literatur vor, vgl. C. W. F. L. Freiherr Drais, Abhandlung, der hohen Bundesversammlung vorgelegt, über eine Staatsordnung bei der Preßfreiheit.

stehung, den Absatz, die Verbreitung und endlich den Inhalt der Preßerzeugnisse betreffen.

Zur ersten Gruppe gehören die Maßregeln des Konzessions-, Druckerlaubnis- und Privilegiensystems für die Zeitungen: beim Herrschen dieser Systeme konnten die Zeitungen nur mit ausdrücklicher behördlicher oder landesherrlicher Genehmigung ins Leben treten. Die Erörterung der Lehre von den Privilegien und Konzessionen gehört der Theorie des Zivilrechts, hier insbesondere des Autorrechts[1]). Zu dieser ersten Gruppe von Maßregeln sind noch zu rechnen: die Entziehung der Erlaubnis zum Gewerbebetrieb nach dem Belieben der Behörden[2]), Maßregeln fiskalischer Natur, wie beispielsweise die, zuerst in England eingeführte, höhere Besteuerung des für die Zeitungen benutzten Papiers[3]) (paper duty), der Kautionszwang.

Als Beschränkung in bezug auf den Absatz ist eine andere aus England stammende Errichtung (Parlamentsakt vom 16. Juni 1712), die Zeitungssteuer[4]), d. h. die indirekte Besteuerung durch Erhebung einer Stempelabgabe von Kalendern und Zeitungen, zu nennen.

Beschränkungen, die sich auf die Verbreitung der Preßprodukte beziehen, sind Verwaltungsmaßregeln wie Kolportageverbot[5]), Straßenhandels- und Bahnhofsverbot, administrative Beschlagnahme, Entziehung des Postdebites[6]) und direkte kirchliche Leseverbote.

---

[1]) Vgl. Josef Kohler, Urheberrecht.

[2]) Daß auch die Beschränkungen, welche die Gewerbeordnung dem Preßgewerbe auferlegt, stark in die Preßfreiheit eingreifen können, hat F. v. Biedermann, Preßfreiheit und Gewerbeordnung, erwiesen.

[3]) Art. „Papierbesteuerung" v. Schullern in HWB der Staatswissenschaften.

[4]) Über die Besteuerung des „geistigen Verbrauchs", vgl. L. von Stein, Lehrbuch der Finanzwissenschaft. S. 595. — Schall, Spezielle Steuerlehre, in „Handbuch der politischen Ökonomie", Bd. 3, S. 460. — Neukamp, Art. „Zeitungssteuer" in HWB der Staatswissenschaften. Eine anschauliche Schilderung über die hemmende Bedeutung des Zeitungsstempels für die Entwicklung des Zeitungswesens gibt die Denkschrift von Carl Junker, die Aufhebung des Zeitungsstempels und die österreischische Presse, S. 24.

[5]) Siehe Karl Baumbach, Der Kolportagebuchhandel und seine Widersacher.

[6]) Über die Bedeutung der Post für das Preßverwaltungsrecht vgl. Chateaubriand, Discours prononcé à la chambre des Pairs dans la session de 1827 sur la loi des Postes.

Ein wichtiges Mittel, den Inhalt der Presse zu beeinflussen ist das Verwarnungssystem. Dieses System hat in Rußland seine typische Ausbildung erfahren[1]), es bestand darin, daß eine Zeitung wegen eines von der Regierung als mißliebig empfundenen Artikels eine Verwarnung erhielt, und daß nach dreimaliger Warnung der Minister des Innern berechtigt war, eine sechsmonatelange Unterdrückung, der Senat die gänzliche administrative Suspendierung des Blattes zu verordnen.

Diese jedes Rechtsgrundes entbehrende und überwiegend der Geschichte angehörende Einengung der Preßfreiheit auf dem Verwaltungswege kann hier nicht weiter verfolgt werden. Es sei jedoch als ein typisches Beispiel der Versuche, solche Maßregeln als notwendig und juristisch gerechtfertigt zu erklären, die lebhafte Erörterung in der französischen Kammer 1819 über den Kautionszwang im wesentlichen mitgeteilt. Der Kautionsgedanke stammt von Chateaubriand, dieser hat zuerst 1816 den Satz geschrieben: „c'est aux risques et périls de l'écrivain que je demande la liberté de la presse .... quand aux journaux qui sont l'arme la plus dangereuse, il est d'abord aisé d'en diminuer l'abus, en obligeant les propriétaires des feuilles périodiques, comme les notaires et autres agens publics à fournir un cautionnement. Voici ma raison: Une gazette est une tribune ... les journalistes en petit nombre, qui pourraient fournir ce cautionnement, menacé par une loi formidable exposés à perdre la somme confisquée apprendraient à mesurer leurs paroles"[2]). Das französische Preßgesetz vom 9. Juni 1819 betr. den Kautionszwang hat den Gedanken Chateaubriands in die Preßgesetzgebung eingeführt. Der Kautionsgedanke war 1819 vom Herzog von

[1]) Die Präventivzensur wurde in Rußland durch die vorläufigen Vorschriften über die Presse vom 24/11. 1905 in der Hauptsache aufgehoben, vgl. Schlesinger, Die Verfassungsreform in Rußland, „Jahrbuch des öffentlichen Rechts", Bd. II, S. 420. Über die Ausbildung des Verwarnungssystems, sowie über die Geschichte der russischen Zensur vgl.: K. K. Arseniew, Die Gesetzgebung der Presse, (russisch) (enthält die Geschichte der russischen Zensur von 1855 bis 1903). — W. J. Nagrodow, Moderne russische Censur und Presse vor und hinter Coulissen.

[2]) le vicomte de Chateaubriand, De la monarchie selon la Charte. ch. XVII. p. 49. 50.

Broglie, de Serre, Guizot und hauptsächlich von Royer Collard verteidigt, von Benjamin Constant lebhaft bekämpft worden.

Die Anordung, daß Kautionen erlegt werden müssen, führte Royer Collard aus[1]), als Garantiefond für eventuelle Geldstrafen, welche über das Blatt verhängt werden sollten, bildet eine Ergänzung der Drohungen und Strafen der Kriminalgesetze, ist also eine Maßnahme, welche den repressiven Maßregeln ähnlich ist, und steht keineswegs an sich im Widerspruch mit dem Wesen und der Aufgabe der Zeitungen. „Le journal devant être considéré, non pas seulement comme un instrument propre à publier la pensée, et, par suite, susceptible de nuire à autrui, ce qui était exact au point de vue pénal, mais aussi comme une entreprise commerciale et politique . . . . . qui appelle une garantie, et la garantie, selon les principes de la charte, ne se trouve que dans une certaine situation sociale déterminée par la propriété ou par son équivalent. Voilà le principe du cautionnement.“

Im Gegensatz dazu hat Benjamin Constant den Satz aufgestellt, daß die Kautionsobligation etwas Exzeptionelles sei, und prohibitiv-präventiv wirke; denn, betonte er, man ordnet das Recht der Gedankenäußerung einer rein finanziellen Bedingung unter, welche nicht jeder Bürger, sondern nur der reiche, erfüllen kann; der Staat fordert ähnliche Strafkautionen sonst nirgends, bei keinem anderen Beruf, weder von dem Arzt noch von dem Rechtsanwalt; das Erfordernis von Kautionen für eventuelle Strafen widerspricht also den allgemein juristischen Grundsätzen, es schafft im Publizistenberuf ein Monopol für die Reichen, verkennt das wahre Wesen der Zeitung als Organ der Gedankenäußerung.

Trotz dieser treffenden Ausführungen B. Constants ist die Novelle zum Preßgesetz von 1819, welches den Kautionsgedanken einführte, mit großer Mehrheit angenommen worden. Der Kautionszwang wurde in Frankreich 1838 aufgehoben, 1848 wieder eingeführt, am 10/11. 1870 wieder aufgehoben, um am 6/7. 1871 von neuem eingeführt zu werden; schließlich ist er durch das Preßgesetz von 1881 endgültig beseitigt worden.

[1]) Vgl. Manuel de la liberté de la Presse. Paris chez Pillet ainé. p. 265.

Diese einfache Aufzählung zeigt deutlich, daß politische Veränderungen und Regierungszwecke maßgebend für die Einführung oder Aufhebung des Kautionszwanges waren. Als durch das Preßgesetz vom 12/8. 1848 der Kautionszwang eingeführt wurde, gingen viele Zeitungen ein, so auch „Le Peuple constituant“, — der Redakteur Lamennais teilte in der letzten Nummer des „Peuple constituant“ diese Tatsache den Lesern pathetisch mit: „L'intention était claire: on voulait à tout prix nous réduire au silence. On y a réussi par le cautionnement. Il faut aujourd'hui de l'or, beaucoup d'or, pour jouir du droit de parler: nous ne sommes pas assez riches. Silence aux pauvres!“ [1])

b. Begriff der Zensur.

Unter dem gemeinsamen Ausdruck „Zensur“ verstehen wir heute die Theaterzensur, sowie die Schriften- und Druckzensur; mit dem römisch-rechtlichen Begriff der Zensur haben diese nicht mehr als den Namen gemein. Denn das national-römische Institut, welches zuerst die Schätzung und Musterung des Volkes, dann die Beaufsichtigung der Sitte des römischen Volkes zur Aufgabe hatte [2]), ist grundverschieden von dem prohibitiv-präventiven Mittel der Zensur zur Beeinflussung des Inhalts der Presse, welches darin besteht, daß nur jene Gedankenäußerungen gedruckt werden dürfen, die vorher von der Behörde zur Kenntnis genommen und approbiert worden sind. Es mutet deshalb eigenartig an, daß ein französischer Minister, um die Zweckmäßigkeit der Zensur für die Presse zu begründen, auf Rom hinwies, wo, seinen Ausführungen zufolge, der Verderb der guten Sitte mit dem Verschwinden der Zensuren Hand in Hand gegangen sein soll. Mit Recht antwortete ihm darauf B. Constant: „ich habe zweimal die Ausführungen des Ministers gelesen, ohne sie richtig verstehen zu können. Gewiß, weder der Minister, noch das Abgeordnetenhaus sind dem Manne zu vergleichen,

---

1) Vgl. Avenel, op. cit. p. 426.

2) Welcker, Art. „Censur als Sittengericht in alter und neuer Zeit“ im „Staatslexikon“ hrsg. v. Rottek und Welcker. Bd. IV. — v. Ihering, Geist des römischen Rechts, II. T. I. Abt. S. 50f. Nicht richtig erfaßt ist das römische Institut von Carl E. Jarke, „Versuch einer Darstellung des censorischen Strafrechts der Römer“. (Jarke faßt die römische Zensur als eine subjektive Gewissensrichterei [S. 177] auf.)

welcher den römischen Konsul mit einem in Bordeaux residierenden dänischen Konsul verwechselte."[1]) Von der Zensur vor dem Druck ist ferner die bis jetzt noch in fast allen Kulturländern vorhandene Theaterzensur[2]), d. h. die Prüfung der Theaterwerke vor ihrer Aufführung durch den Zensor, zu unterscheiden; denn die Veröffentlichung durch das Theater vor einem durch den Raum des Theaterlokals und die Zeit der Dauer der Vorstellung bedingten individuellen Massenkreis ist wesentlich verschieden von der Veröffentlichung durch die Presse, die sich nicht an eine Volksmenge richtet, sondern an das Publikum — das Wort im Sinne der bereits oben gegebenen Begriffsbestimmung gebraucht.

Es bleibt noch übrig, zu erwähnen, daß unter dem Abschnitt „Zensur" auch die Handschriftenzensur des Altertums und Mittelalters hier nicht behandelt werden kann. Der Begriff „Zensur" ist also für uns nur unter dem Gesichtspunkte der Druckzensur Gegenstand der Erörterung. Hierbei ist wiederum die kirchliche Zensur von der staatlichen zu unterscheiden; denn jene umfaßt die Zensur vor dem Druck (Censura praevia) und nach dem Druck (Index librorum prohibitorum), diese nur die vor dem Druck.

α) Kirchliche Preßgesetzgebung.

Überblicken wir das Ganze der kirchlichen Preßgesetzgebung, so erscheint sie uns als eine wohldurchdachte, geschlossene Reihe von Maßregeln, welche durch die Konstitution Leos XIII. „Officiorum ac munerum" vom 24. Januar 1897 ihre abschließende Zusammenfassung erfahren hat[3]).

Bereits vor der Erfindung der Druckpresse ist eine Reihe von kirchlichen Zensurmaßregeln zu verzeichnen. Das erste

---

[1]) B. Constant. Observations sur le discours prononcé par S. E. le ministre de l'Intérieur. I. p. 482.

[2]) Vgl. Ch. Gros, Etude de législation théatrale, und besonders die rechtsvergleichende Studie von Albert Cahuet, La liberté du Théâtre; ferner Opet, Die Grenzen der Theatercensur, „Deutsche Juristen Zeitung" S. 131 f. — v. Rönne-Zorn, Das Staatsrecht der preußischen Monarchie. Bd. II. S. 252.

[3]) Die grundlegende Konstitutio Leos XIII. ist jetzt ergänzt durch die neueste Preßgesetzgebung: das Dekret des hl. Offiziums „Lamentabili sane exitu" (Neuer Syllabus) vom 3/7. 1907 — es bildet den ersten Vorstoß für die umfangreiche Enzyklika „Pascendi dominici gregis" vom 8/9. 1907, — diese gibt die grundsätzliche Begründung für das Vorgehen gegen den Modernismus; die praktischen Anweisungen zur Bekämpfung des Modernismus endlich werden verschärft durch

geschichtlich dokumentierte Bücherverbot erfolgte auf dem Konzil von Nicäa, der erste Katalog verurteilter Bücher erscheint 496 als das sogenannte Decretum Gelasianum (Decretum Gelasii P. de libris recipiendis et non recipiendis). Eine wichtige Verordnung betr. die Zensur der Manuskripte vor ihrem Abschreiben findet man in den Statuten der theologischen Fakultät zu Köln vom Jahre 1398: Item quod lecturas suas sententiarum non communicabunt publice transcribendas, antequam per facultatem examinatae fuerint et approbatae[1]).

Mit der von der Kirche anfangs als ars divina begrüßten Erfindung der Buchdruckerpresse vermehrten sich die Bücher, die Bücherverbote und Zensurmaßregeln wurden darum häufiger und planmäßiger. Das erste Druckverbot erfolgte schon 1482; die erste päpstliche allgemeingültige, aber fast unbekannt gebliebene Zensurverordnung war die Bulle Innozenz VIII. vom 17/11. 1487; am 1. Juni 1501 erließ Alexander V. eine fast gleichlautende Bulle, welche aber, weil sie sich nur auf die Kirchenprovinzen Köln, Mainz, Trier und Magdeburg erstreckte, als ein Partikulargesetz anzusehen ist. Als der erste allgemeingültige von der ganzen Christenwelt anerkannte päpstliche Zensurerlaß ist die am 3/5. 1515 gegebene Bulle Leos X. „Inter solicitudines“ zu bezeichnen. Das erste allgemein anerkannte Verzeichnis der verbotenen Schriften ließ Papst Paul IV. durch die Inquisition in Rom anfertigen: Index auctorum et librorum, qui tamquam haeretici aut suspecti aut perniciosi ab Officio S. R. Inquisitionis reprobantur et in universa christiana republica interdicuntur. Das Concilium Tridentinum hat dieses Bücherverbot beibehalten, und in seiner 18. Sitzung (am 26/2. 1562) bildete sich eine Kommission von 188 Konzilsmit-

---

das Motuproprio Pius X. vom 18/11. 1907. Für das katholische Deutschland ist das Pastoralschreiben der deutschen Bischöfe an den Klerus vom 10/12. 1907 bemerkenswert. S. den Text dieser vier Dokumente bei F. Wiegand, Kirchliche Bewegungen der Gegenwart, S. 95 f.

[1]) Über die wichtigsten Daten der Geschichte der kirchlichen Bücherzensur vgl. Joseph Feßler, das Kirchliche Bücherverbot. S. 31 f. Beckmann, Beiträge zur Geschichte der Erfindungen. Bd. 4, S. 95. Fr. Sachse, Die Anfänge der Büchercensur in Deutschland. Ludwig Hoffmann, Geschichte der Büchercensur. K. Bachem, Presse, Preßfreiheit und Preßgesetzgebung, Art. im „Staatslexikon“.

gliedern aller Nationen, um die Regeln zu bestimmen, nach denen die Feststellung solcher Bücherverbote zu erfolgen habe. Am 24/3. 1564 bestätigte Papst Pius IV. die Arbeiten der Kommission und gab einen Katalog mit den Indexregeln heraus: „Index librorum prohibitorum cum regulis confectis per Patres a Tridentino Synodo delectos auctoritate S. D. N. Pii P. M. comprobatus“. Die ersten neun Regeln beziehen sich auf schon gedruckte Bücher, die letzte und zehnte enthält hauptsächlich Bestimmungen über die Zensur der Manuskripte vor dem Druck. Papst Pius V. hat die Tridentinische Gelegenheitskommission in eine sogenannte Congregatio Indicis[1]) verwandelt, welche besonders die Anfertigung des Index der verbotenen Bücher zur Aufgabe hatte; bezüglich der Bücher, welche im wesentlichen gut waren, war die Congregatio befugt, alle eingeschlichenen Irrtümer auszuscheiden und die in solcher Weise gereinigten Werke in einem speziellen Index einzutragen, den Index expurgatorius (1571 erschien der erste in Belgien). Unter dem gelehrten Papst Benedikt XIV. erschien 1758 die beste Indexausgabe, eine Konstitution „Sollicita ac provida“ war ihr am 9/7. 1754 vorangegangen. Diese Konstitution ist sehr wichtig, denn sie ist die einzige Bulle aus der kirchlichen Preßgesetzgebung, welche, der Konstitution Leo XIII. von 1897 gemäß, heute noch Geltung hat. Sie enthält sehr weitläufige, in freisinnigem Geiste verfaßte Instruktionen über das Verfahren bei der Prüfung und Verwerfung der Bücher. Als Zensoren verlangt Benedikt: homines vitae integros, probatae doctrinae, maturo judicio, incorruptu affectu; sie sollen das ganze Buch lesen, ihr Augenmerk auf die Grundrichtung des Buches richten, die Stellen nicht aus dem Zusammenhang reißen, die undeutlichen und fraglichen Stellen, welche gute und schlechte Deutung zulassen, im guten Sinne fassen (explicata in bonam partem accipiantur).

Leo XIII. hat nun in der neuen Konstitution „Officiorum ac munerum“ vom 24/1. 1897 sämtliche älteren Bullen mit

---

[1]) Vgl. H. Hinschius, System des katholischen Kirchenrechts. Bd. I. S. 451. — Richter-Dove-Kahl, Lehrbuch des katholischen und evangelischen Kirchenrechts. S. 425. — E. Friedberg, Lehrbuch des katholischen und evangelischen Kirchenrechts. S. 175.

Ausnahme der Konstitution Benedikts abrogiert und im Anschluß an das alte Kirchenrecht neues Recht geschaffen[1]). Die Konstitution enthält wichtige Bestimmungen bezüglich der verpflichtenden Kraft und der Interpretation des darin enthaltenen Kirchenrechts. Sie besteht aus zwei Teilen. Der erste Teil (Pars prior), der wichtigste, enthält die ganze kirchliche Gesetzgebung über das Preßwesen; der zweite Teil (Pars posterior), der umfangreichste, bietet nur die Aufzählung der auf den Index gesetzten, verbotenen Bücher. Der erste Teil, Decreta generalia, welcher hier allein in Betracht kommen kann, zerfällt in zwei große Abschnitte: Titulus I, De prohibitione librorum; titulus II, De censura librorum. Da die Bestimmung über die Zensur die wichtigste Grundlage für das kirchliche Bücherrecht bildet, so rechtfertigt es sich, zunächst in eine Betrachtung des zweiten Teils des Gesetzwerkes Leo XIII. einzutreten.

Die Zensur vor dem Druck (censura praevia) übt der Bischof, er hat alle in seiner Diözese erscheinenden Bücher, Schriften und religiösen Bilder (auf welchem Wege sie vervielfältigt seien) vor ihrer Veröffentlichung resp. ihrem Drucke zu prüfen. Wenn es sich um wichtigere und schwierigere Materien handelt, kann die oberste kirchliche Autorität angerufen werden. Die Aufgabe des Zensors ist nach § 39 folgende: „de variis opinionibus atque sententiis (iuxta Benedicti XIV praeceptum) animo a praeiudiciis omnibus vacuo, iudicandum sibi esse censores sciant. Itaque nationis, familiae, scholae, instituti affectum excutiant, studia partium seponant. Ecclesiae sanctae dogmata, et communem Catholicorum doctrinam, quae Conciliorum generalium decretis, Romanorum Pontificum Constitutionibus, atque Doctorum consensu continentur, unice prae oculis habeant.“ Die Druckerlaubnis muß schriftlich gegeben werden und muß in ihrem

---

[1]) Vgl. über die Konstitution Leo XIII. folgende zwei Kommentare: Joseph Hollweck, Das kirchliche Bücherverbot. Ein Kommentar zur Konstitution Leo XIII. „Officiorum ac munerum“ vom 24. Januar Mainz 1897. — Joseph Hilgers, Der Index der verbotenen Bücher, in seiner neuen Fassung dargelegt und rechtlich historisch gewürdigt. — H. Vermeersch, De prohibitione et censura librorum.

authentischen Wortlaut entweder am Anfang oder am Schluß des Werkes oder an beiden Stellen zugleich abgedruckt werden (§ 40).

Sehr wichtige Bestimmungen enthalten die §§ 40, 43 und 35 der Konstitution. Die Druckerlaubnis erhält danach der Verfasser, nicht der Verleger des Werkes: absoluto examine . . . Ordinarius . . . illius publicandi licentiam, in principio vel in fine operis imprimendam, auctori concedat" (§ 40). Der Verfasser ist aber nicht immer verpflichtet seinen Namen anzugeben. Er kann von dem Bischof die Ermächtigung zur Anonymität erlangen, der Verleger soll aber immer seinen Namen angeben: „Nullus liber censurae ecclesiasticae subiectus excudatur, nisi in principio nomen et cognomen tum auctoris, tum editoris praeferat, locum insuper et annum impressionis atque editionis. Quod si aliquo in casu, iustas ob causas, nomen auctoris tacendum videatur, id permittendi penes Ordinarium potestas sit." (§ 43). Verpflichtet und bevollmächtigt zur Zensur ist der Bischof der Diözese, wo der Druckort, nicht wo der Wohnort des Verfassers sich befindet: „Approbatio librorum . . . . . pertinet ad Ordinarium loci in quo publici juris fiunt" (§ 35).

Den bereits erschienenen, zuweilen auch den noch im Erscheinen begriffenen Werken, auch den Zeitungen und Zeitschriften gegenüber, besteht die Zenzur in einem Verbot der Lektüre und der Weiterverbreitung der Preßerzeugnisse. Dies Verbot wird von dem Papst selbst erteilt, sowie von der aus etwa zwanzig Kardinälen bestehenden Index-Kongregation, welche die Einrückung des Werkes in das offizielle Indexverzeichnis verordnet, und besonders von dem Bischof, welcher die Pflicht und das Recht hat, schlechte Bücher, Zeitungen und Zeitschriften unter namentlicher Aufführung der Titel zu verbieten und dies durch ein spezielles Dekret zur Kenntnis zu bringen. Die Nuntien, die päpstlichen Delegaten, die Bischöfe, die Rektoren der katholischen Universitäten, sowie jeder Katholik sind befugt, schlechte Bücher anzuzeigen [1]).

---

[1]) p. 27—30, De denunciatione pravorum librorum. Der Name des Denunzianten bleibt verschwiegen, jede anonyme Denunziation wird unbeachtet gelassen: Iis autem ad quos denunciatio defertur, sanctem erit, denunciantium nomina secreta servare, n. 28.

Nicht alle verbotenen Bücher sind im einzelnen zensuriert oder im Index enthalten, viele sind vielmehr, ohne mit ihren Titeln einzeln aufgeführt zu sein, nach Kategorien verboten. Unter der höchsten kirchlichen Strafe, der ipso facto eintretenden Exkommunikation, sind, nach § 47, dem Hauptparagraph des neuen kirchlichen Büchergesetzes, untersagt Lektüre und Aufbewahrung der offenkundig häretischen und apostatischen Bücher oder in Heftform erscheinenden Schriften, die unter Anführung des Titels vom Papste selbst verboten worden sind[1]). Schwere Sünde und verboten bei einer Strafe, die der Bischof nach seinem Ermessen zu verhängen hat, ist die Lektüre und Aufbewahrung aller von Katholiken besorgten Ausgaben des Urtextes und die späteren Übersetzungen der Heiligen Schrift in der Volkssprache §§ 7, 8 (z. B. in der deutschen), auch wenn sie von Katholiken besorgt werden, aller auf den Index gesetzten und aller bis zum Jahre 1600 von den Päpsten und Konzilien verworfenen Bücher[2]); aller Bücher, welche die Grundlage der Religion überhaupt zu erschüttern geeignet sind (dahin gehören alle pantheistischen, atheistischen und materialistischen Schriften, die das Dasein eines persönlichen Gottes und die seelische Substanz verneinen); aller Bücher von Katholiken, welche religiösen (also exegethischen, kirchenrechtlichen, dogmatischen, kirchengeschichtlichen, ethischen) Inhalts sind, außer wenn sie nichts gegen den katholischen Glauben enthalten; aller Bücher, welche es darauf anlegen, laszive und obszöne Dinge zu erzählen oder zu lehren; ferner aller Werke von alten und neuen Klassikern, welche laszive und obszöne Dinge enthalten. In den §§ 11, 12, 13, 14, sind getroffen alle

---

[1]) Joseph Hilgers, Die Bücherverbote in Papstbriefen.

[2]) Unter den verbotenen Büchern, welche der neue Index Leos XIII. aufweist, findet man Werke von folgenden Autoren: G. Bruno, Althusius, Hobbes (opera omnia!), Descartes, Malebranche, Spinoza (opera posthuma!), Poufendorf, Bayle, Locke, Voltaire, Montesquieu, H. Grotius, D. Hume (opera omnia!), Rousseau, Blaise Pascal, La Fontaine, Destutt de Tracy, Kant (Kritik der reinen Vernunft!), Condorcet, Condillac, Heine, Stendhal, Lamartine, Fr. Strauß, Honoré de Balzac, L. Ranke, Lenau, Darwin, Aug. Comte, Renan, Flaubert, Victor Hugo, Ardigo, Enrico Ferri. Vgl. die Bibliographie des Index in seiner neuen Fassung bei Hilgers, op. cit 415—475.

Bücher, welche Gott, die Jungfrau, die Heiligen, die katholische Kirche, ihren Kultus, ihre Sakramente, den apostolischen Stuhl, den Ordensstand herabsetzen oder schmähen; endlich ist die Aufbewahrung und Lektüre aller Zeitungen und periodischen Zeitschriften, welche eine religionsfeindliche Tendenz[1]) haben oder die Sittlichkeit verletzen, verboten. Verboten ist ebenfalls die Übernahme der Redaktion von Zeitungen und Zeitschriften ohne Erlaubnis (§ 22, Abs. 2). Wer von den aufgezählten Büchern eines oder einige lesen und aufbewahren will, hat dazu die Erlaubnis der kirchlichen Behörde einzuholen; hat er sie bekommen, so ist er bei Androhung kirchlicher Strafe verpflichtet, die ihm zur Lektüre gestatteten Bücher so aufzubewahren, daß sie nicht in andere, unberufene Hände gelangen. Schwer sündigt, wer ein Buch ohne Erlaubnis über drei Tage aufbewahrt. Irrelevant ist, ob man das Buch selbst in Gewahrsam hat oder anderen zur Aufbewahrung gibt, ob die Absicht es zu lesen bestand oder nicht, wem es gehört. Als schwere Sünde ist nach den herrschenden kirchlichen Ansichten schon die Lektüre einiger Seiten[2]), etwa der Vorrede, der Widmung oder des Inhaltsverzeichnisses, zu qualifizieren. Ja, zur schweren Sünde soll schon das bloße Anhören eines auf eigenen Antrieb aus verbotenen Büchern Vorlesenden gehören. Die Vorschriften der Konstitution Leos XIII. haben den Charakter von Strafgesetzen, welche jede Zuwiderhandlung als schwere Sünde (sub gravi) brandmarken; Unkenntnis, mangelnde Aufmerksamkeit usw. gelten nach der herrschenden Lehre als läßliche Sünde.

β. Staatliche Zensur.

Dem durch die Praxis der Jahrhunderte streng ausgebildeten System von Anordnungen zur Bevormundung der katholischen Leser und Autoren durch die Kirche steht gegenüber ein System von Maßregeln, die der Staat ursprünglich

---

[1]) Religionsfeindlich ist gleichbedeutend mit kirchenfeindlich, weil Religio nach dem geltenden katholischen Kirchenrecht gleichbedeutend mit fides catholica ist.

[2]) Die Ansichten über die Quantität des Gelesenen schwanken zwischen einer Zeile und mehreren Seiten.

von der Kirche übernommen, aber zu seinem Zwecke durch Schaffung einer staatlichen Zensur selbständig entwickelt hat. Diesem System fehlt jedoch, weil es seine Entstehung nicht einer folgerichtigen Politik verdankt, die Geschlossenheit und die innere Konsequenz, welche bei der kirchlichen Preßgesetzgebung charakteristisch ist. Die einzelnen staatlichen Zensurmaßregeln hatten als Begleiterscheinungen des absolutistischen Regimes aller Zeiten stets dem Zufall ihre Berechtigung zu verdanken und standen infolgedessen nicht in innerem Zusammenhang untereinander. Aus den ausgeführten Gründen dürfte es sich erübrigen, in eine eingehende Betrachtung der Entwicklung der Zensur als Staatsinstitut einzutreten. Aus der Geschichte der staatlichen Zensur sollen deshalb nur zwei besonders charakteristische Erscheinungen, die englische Zensur unter der starchamber und die napoleonische Zensur, kurz dargestellt werden.

In England, wo heute für die Presse so wenige einengende Maßregeln bestehen, ist die Geschichte der Preßfreiheit wie in keinem anderen Lande mit Blut geschrieben — ein glänzendes Beispiel des historischen Gesetzes vom Kontrast. Tod, Verstümmelung aller Art, wie Abhauen der Ohren und Hände oder Ausschneiden der Zunge, öffentliches Auspeitschen, Brandmarken und Ausstellen am Pranger — von den das ganze Vermögen absorbierenden Geldstrafen, Verbannung oder lebenslänglichen Gefängnisstrafen zu schweigen — dies waren die Strafen, welche auf die Nichtbeachtung der außerordentlich strengen Zensurdekrete folgten[1]). Es war besonders die berüchtigte „star-chamber", die die strengste Kontrolle ausübte und mit dem Erlaß des Zensurdekretes vom 11/7. 1637 (A decree of Starre-chamber, concerning printing, made the eleuenth day of July last past, 1637) das Höchste geleistet hat. Es wurden nur noch 20 Druckereibesitzer außer denen des Königs und der Universität zugelassen, und auch diese hatten noch eine Garantie für ihr gutes Betragen zu geben; kein Buch-

[1]) Über die Geschichte der Zensur in England vgl.: Hallam, Const., History of England. Bd. I p. 82, 182f. — Gneist, Englische Verfassungsgeschichte, S. 502. — Stephen, A., History of the criminal Law of England. p. 303ff. — Julius Lorbeer, op. cit. S. 412.

drucker durfte mehr als zwei Druckpressen haben und mehr als zwei Gesellen beschäftigen; ebenso war die Anzahl der Typengießereien auf vier festgesetzt; von auswärts importierte Bücher durften nur im Hafen von London ausgeladen werden und waren hier einer Untersuchung zu unterwerfen; die juristischen Bücher sollten durch einen Oberrichter, die Bücher über Geschichte und Staatsangelegenheiten durch einen Staatssekretär heraldische Bücher durch den Lord-Marschall, Bücher über Theologie, Philosophie, Naturlehre, Dichtkunst und anderer Gegenstände durch den Erzbischof oder die Kanzler der Universitäten zensuriert werden; selbst Bücher, die schon einmal vom Zensor genehmigt und gedruckt waren, bedurften für jede neue Auflage einer neuen Druckerlaubnis (license).[1])

Den gleichen Geist atmeten die Zensurbestimmungen, welche Napoleon erließ[2]). Napoleon hat in der Presse stets einen großen Faktor für den Erfolg seiner politischen Strategie erblickt. „Si je lâche le bride à la presse, je ne resterai pas trois mois au pouvoir“, dies war ein beliebter Ausspruch des Konsuls Bonaparte. Die Periode von 1800—1815 bedeutet eine Reihe von willkürlichen Beeinflussungen und Unterdrückungen der Presse, welche in der Zensurgeschichte ihresgleichen suchen. Er ließ durch das Dekret vom 27. Nivose an VIII (17. Januar 1800) von 75 politischen Zeitungen 60 sofort unterdrücken und Neubegründungen untersagen. On n'y entend plus que la respiration d'un homme — so charakterisiert Louis Blanc diese Periode. Am 2. August 1802 wurde Napoleon zum ersten Konsul auf Lebenszeit ernannt; am 4. Vendémiaire an XII erscheint ein „arrêt consulaire“, welcher befahl: „Pour assurer la liberté de la presse(!) aucun libraire ne pourra vendre un ouvrage avant de l'avoir

---

[1]) Vgl. den englischen Text des Zensurdekretes in der Einleitung zu „Areopagitica“ Miltons S. 7—23.

[2]) Henri Welschinger, La censure sous le premier empire. — Gustave le Poittevin, La liberté de la presse depuis la révolution 1789—1815, p. 106f. — Vgl. für Napoleons Preßpolitik in Deutschland: Salomon, op. cit. Bd. II (1902), in England: P. Holtzhausen, Bonaparte, Byron und die Briten. Für die französische Zensur vor Napoleon, vgl. die zwei inhaltreichen Arbeiten: Diderot, Lettre historique et politique adressée a un Magistrat sur le commerce de la librairie und J. Andrieu, La censure et la police des livres en France.

présénte à une commission de revision, laquelle le rendra, s'il n'y a pas lieu à censure." Durch das Dekret vom 21. Messidor an XII (10. Juli 1804) wurde die Zensur dem Polizeiministerium übertragen. Am 22. März 1805 schrieb Napoleon an den Polizeiminister Fonché über einen Artikel des „Journal des Débats", der ihm mißfiel: „A premier mauvais article des „Débats" je supprime ce journal." Den Höhepunkt napoleonischer Zensur bildet aber das Dekret über Buchdruck und Buchhandel vom 5. Februar 1810, welches 51 Paragraphen in 8 Titeln enthält[1]). Die Buchdrucker wurden darnach genau bestimmt (§ 3) (60 für Paris); sie und die Buchhändler bedurften des staatlichen Patents (§ 4) und erhielten dies erst nach Ablegung eines Eides, daß sie nichts drucken würden, was den Pflichten gegen den Kaiser und den Interessen des Staats zuwider wäre (§ 5); jeder Buchdrucker durfte in Paris nur 4 Pressen, in der Provinz 2 haben (§ 6); § 10 sagt, was kein Drucker drucken darf; § 11, daß jeder Drucker über alle Bücher, die er übernimmt, genaue Listen führen muß; der Generaldirektor des Buchdrucks und Buchhandels konnte den Druck nach Belieben aufschieben. Die Aufsicht über die gesamte Presse steht, unter Oberleitung des Ministers des Innern, dem Direktor zu, der eine Anzahl Zensoren zur Seite hat. Die Division der Polizei, der die Ausübung der Zensur zufiel, hieß unter Napoleon „La Division de la liberté de la presse", der Chef der Behörde, welche die Überwachung der oben mitgeteilten Regeln und der Zensierung ausübte, hieß „Le directeur général de l'imprimerie et de la librairie". Es ist für Napoleons Regime charakteristisch, wie verpönt bei ihm der Name Zensur war, trotz des von ihm geschaffenen, überaus strengen Zensurregimes: Bei der zweijährigen sorgfältigen Beratung des erlassenen Dekrets vom 5. Februar 1810 hat man für die neu geschaffene Zensurbehörde den Namen „Collège de Censure" vorgeschlagen, dies hat Napoleon unter der Begründung, daß „il n'existe pas de censure en France" abgelehnt, er schlug darauf selbst den Titel: „Tribunal de l'im-

---

[1]) Siehe den ursprünglichen Text bei J. B. Duvergier, Collection complète des lois, décrets, ordonnances, réglements, avis du conseil d'état. T. 17 (1836), p. 19—22; vgl. auch Duvergier de Hauranne, Histoire du gouvernement parlamentaire en France, T. I p. 376ff.

primerie" vor, bis man schließlich die Zensurbehörde „Direction de l'imprimerie et de la librairie" nannte[1]).

Die Zensur als das wirksamste von allen prohibitiven Präventivmitteln stand zu allen Zeiten im Mittelpunkt des Kampfes, der um die Preßfreiheit geführt wurde; sie verleugnet am schärfsten die Prinzipien des Rechtsstaates, da sie nicht bloß die Tat, sondern auch die der Beurteilung des Staates entzogene Gesinnung unter Strafe stellt. Das hat schon der junge Karl Marx bei einer Besprechung über die preußische Zensurinstruktion vom 24. Dezember 1841[2]) hervorgehoben: „Gesetze, die nicht die Handlung als solche, sondern die Gesinnung des Handelnden zu ihren Hauptkriterien machen, sind nichts als positive Sanktionen der Gesetzlosigkeit." Die Zensur hat keinen Rechtsgrund und keine Rechtsgrenze, die Verwaltung ist zugleich Partei und Richter; sie ist vom Standpunkt des Rechtsstaates rechtswidrig, weil sie das elementare Recht des Staatsgliedes, nicht unbedingt und völlig der grenzenlosen Verwaltungswillkür überliefert zu werden, vernichtet[3]). Das Preßgesetz, schreibt Marx, bestraft den Mißbrauch der Freiheit, das Zensurgesetz bestraft die Freiheit als Mißbrauch.

---

1) Daß Napoleon so viel Gewicht auf die blendende Aufschrift: „Liberté de la presse" legte, erinnert an Goethes Verse:

„Kommt, laßt uns alle drucken
Und walten für und für;
Nur sollte keiner mucken,
Der nicht so denkt wie wir."

2) Aus dem literarischen Nachlaß von K. Marx, Engels und Lassalle, hrsgb. von Mehring.

3) C. Th. Welcker (Die vollkommene und ganze Preßfreiheit, S. 30) hat diesen Zustand anschaulich geschildert, indem er sagt: „Es ist gerade solche völlige Vernichtung als es Zerstörung meiner rechtlichen Freiheit zu gehen wäre, wenn mir die Füße gefesselt und mir nur für einzelne beliebig zu versagende und zu erlaubende Schritte entfesselt würden." Vgl. auch das nach Stil und Inhalt eigenartige Gutachten des Generals von Grumbkow, das (30. März 1737) den eine strenge Zensur anordnenden Befehl von Friedrich Wilhelm I. einer vernichtenden Kritik unterwarf (s. den Text bei F. Kapp, Buchdruck und Buchhandel in Brandenburg, „Arch. f. Gesch. d. deutsch. Buchh." Bd. 7 S. 36—38). Eine von den wenigen Schriften, welche die Zensur juristisch zu begründen versucht haben, ist diejenige de Malesherbes, Mémoires sur la liberté de la librairie; lesenswert ist auch die Schrift von F. G. Leue, Über Zensur und Redefreiheit. Über die politische Zweckmäßigkeit der Zensureinrichtungen, ferner F. Guizot, Quelques idées sur la liberté de la presse.

B. System der reglementären Prävention. — Begriff des Preßverwaltungsstrafrechts.

Von den vorstehend erörterten Verwaltungsmaßregeln unterscheidet sich wesentlich die reglementäre Prävention. Sie ruht auf dem sicheren Boden der Gesetzesbestimmungen und nicht auf der Verwaltungswillkür wechselnder Regierungssysteme. Man knüpft die Herstellung und Verbreitung der Preßerzeugnisse nicht an eine vorherige administrative Bewilligung und Prüfung, sondern sie sind nur dem unterworfen, was ausdrücklich in dem Gesetz vorgeschrieben ist.

Der zweifachen Natur der Presse, der gewerblichen und literarischen gemäß, umfaßt die reglementäre Prävention Bestimmungen, welche sich auf die gewerbliche und geistige Seite der Presse beziehen[1]). Die erste Art von Rechtsregeln betrifft regelmäßig die Druckereigewerbe (so beispielshalber die Anzeige der Geschäftseröffnung und des Geschäftslokals) und den Handel mit Druckschriften (so z. B. Legitimations- und Wanderscheine, Druckschriftenverzeichnis). Die zweite Art preßverwaltungsstrafrechtlicher Normen hat den Zweck, der Begehung eines Delikts durch den Inhalt des Preßerzeugnisses vorzubeugen, sowie die Verfolgung dieser Preßdelikte zu sichern und zu erleichtern; hierher gehören die Verpflichtung, verschiedene äußere Angaben (so z. B. des Druckorts, des Verlegers und seines Wohnorts) auf der Druckschrift zu machen, die Verpflichtung des Verlegers zur Abgabe eines Pflichtexemplars[2]), die Verpflichtung des verantwortlichen Redakteurs einer periodischen Druckschrift, amtliche Bekanntmachungen aufzunehmen, das Verbot der Veröffentlichung von

---

[1]) Eingehende einzelne Ausführungen sind bei v. Liszt, Das deutsche Reichspreßrecht (S. 43—134), G. Pincherle, La legge e la stampa, p. 179, (Ordinamento della stampa), und P. Kloeppel, Das Reichspreßrecht (S. 173 bis 246) zu finden. Zur raschen Orientierung s. H. Rehm, Preßgewerbe und Preßrecht, HWSt.

[2]) Siehe über die Zweckmäßigkeit dieser Bestimmung die auf rechtsvergleichender Grundlage beruhende Arbeit von J. Franke, Die Abgabe der Pflichtexemplare von Druckerzeugnissen. Vgl. auch die Ausführungen Franke's in „Preußischen Jahrbüchern“ (Pflichtexemplare und Fachbibliotheken). — Steffenhagen, Der Pflichtexemplar-Zwang in der Provinz Schleswig-Holstein.

Schriften bestimmten Inhalts [1]), die sogen. Berichtigungspflicht [2]), endlich auch noch die Beschlagnahme der Druckschrift und das Verbot ihrer Verbreitung, die unter gewissen Voraussetzungen provisorisch angeordnet werden können.

Diese preßverwaltungsstrafrechtlichen Formvorschriften stehen prinzipiell im begrifflichen Gegensatz zu den gesetzlichen Strafbestimmungen, die anordnen, wann der Inhalt einer veröffentlichten Druckschrift strafbar, und wer dafür verantwortlich ist. Diese bilden das Preßstrafrecht. Der erste Systematiker des österreichischen und deutschen Preßrechts, v. Liszt, hat diesen Gedanken in den Worten formuliert: „Mit den Preßpolizeidelikten haben die Preßdelikte so wenig zu tun, wie die Tötungsdelikte mit dem Verbot des Waffentragens.“ [3])

In den nachfolgenden Ausführungen, die, wie die Abhandlung selbst, keine erschöpfende Darstellung, sondern eine prinzipielle Formulierung preßrechtlicher Probleme bieten wollen, soll das Preßverwaltungsstrafrecht unerörtert bleiben. Es soll lediglich das Preßdelikt im technischen Sinne des Wortes, das allein materiellrechtlich von Interesse ist, den Gegenstand der Untersuchung bilden [4]).

C. Repressivsystem. — Begriff des Preßstrafrechts.

Das Preßdelikt ist kriminelles Unrecht, wie das strafrechtliche Delikt überhaupt, dessen Unterart es ist. Als solches besteht

---

[1]) Vgl. etwa F. Damme, Das Preßverbot der Veröffentlichung amtlicher Schriftstücke eines Strafprozesses.

[2]) Siehe das Nähere über das juristische Wesen dieser Pflicht bei: Oetker, Die Berichtigungspflicht nach § 11 des Reichspreßgesetzes. — F. Kitzinger, Die Berichtigungspflicht der Presse und das Recht auf Berichtigung.

[3]) Fr. v. Liszt, Art. „Preßstrafrecht“ im Rechtslexikon S. 147.

[4]) Die Frage nach der Natur des Preßdelikts ist, wie v. Liszt (Verhandlungen des 15. deutschen Juristentages, S. 273) hervorhebt, „eine Frage, die zu den allerschwierigsten gehört, die man stellen kann“. Ja, man hat sogar auf die nähere Begriffsbestimmung des Preßdelikts vielfach verzichtet. So sind die Franzosen zu dem Geständnis gekommen: „il est aussi impossible de l'enfermer dans une définition que d'enfermer de l'eau dans une écumoire“ (R. Gouge, De la responsabilité en matière de presse p. 158). Les délits de pensée sont indéfinissables, behauptet M. Bergeret, der Held Anatole Frances (Opinions sociales p. 179).

das Preßdelikt aus zwei Teil-Tatbeständen, die sich zum Zwecke der Darstellung zwar trennen lassen, aber lediglich die beiden ergänzenden Betrachtungsweisen desselben einheitlichen Tatbestandes bilden; aus der objektiv normwidrigen Tat und dem subjektiven Verschulden des Täters für sie. Der Inhalt der Druckschrift begründet den objektiven Deliktstatbestand, die Schuld der im preßrechtlichen Sinne verantwortlich gemachten Personen erfüllt den subjektiven Deliktstatbestand.

Die prinzipielle preßstrafrechtliche Grundfrage ist nun die: was ist die differentia specifica des Preßdelikts, bzw. seines objektiven und subjektiven Tatbestandes, durch die es sich vom genus proximum, dem kriminellen Delikt überhaupt abhebt?

Weil man das Preßrecht keineswegs mit den einzelnen geltenden Preßgesetzen identifizieren darf und doch aus ihnen zu entnehmen hat, so wird man die analytische Erörterung der beiden Grundelemente des Preßdelikts, den Begriff der Druckschrift und den der Preßverantwortlichkeit, bei den Preßgesetzen zu suchen haben, in denen sie bahnbrechend und in schärfster Konsequenz ausgestaltet sind, nämlich den ersten Begriff bei der deutschen (resp. österreichischen), den zweiten bei der französischen (resp. belgischen) Preßgesetzgebung.

a) Begriff der Druckschrift.

Der Begriff der Druckschrift ist als Gegenstand des Preßrechts und als Voraussetzung des Preßdelikts nicht nur von großem theoretischem Interesse, sondern auch von großer praktischer Bedeutung für das deutsche Reichspreßrecht; denn nur der Begriff der Druckschrift läßt einige Ausnahmen, wie die besondere Frist für die Dauer der Verjährung des Strafverfahrens (§ 22 RPG), den sogenannten Gerichtsstand der Presse und die Zuständigkeit der Schwurgerichte für die Preßdelikte in Bayern, Württemberg und Baden (§ 6 RPG.), verständlich erscheinen, die für das Preßdelikt geschaffen sind, während sonst die allgemeinen Regeln des Reichsstrafgesetzbuches auch für die strafrechtlichen Nebengesetze gelten.

Die Legaldefinition des Begriffs der Druckschrift enthält § 2 des RPG.[1]), für dessen Auslegung dann noch die Bestimmungen der §§ 3, 6, 22, 21, 20, des RPG. in Betracht kommen. Sie ist durch eine eindeutig formulierte, aus dem Inhalt des RPG. entnommene Definition der Druckschrift zu ersetzen. Dazu ist nötig, die wesentlichen konstitutiven Begriffselemente der Druckschrift im Sinne des RPG. aufzusuchen und nach Inhalt und Umfang streng festzustellen.

Die begriffsnotwendigen Merkmale der Druckschrift sind: 1. ein Inhalt, d. h. eine Gedankenäußerung, 2. ein Körper, d. h. die Herstellung einer Druckschrift als einer Objektivierung der Gedankenäußerung; 3. die unbegrenzte Möglichkeit einer Vervielfältigung des Körpers; 4. die Veröffentlichung der Vervielfältigungen.

1. Was zunächst den Inhalt anlangt, so ist er als Begriffsmerkmal der Druckschrift vom Gesetz nicht ausdrücklich hervorgehoben. Er ist vielmehr aus einigen Bestimmungen, Ausnahmen und Einschränkungen zu entnehmen, welche ihn zum Element des Begriffs der Druckschrift machen. § 20 stellt fest, daß die preßrechtliche Strafbarkeit von dem Inhalt einer Druckschrift begründet wird (ähnlich § 21, 22). Dieser Inhalt kann nun nur ein Gedankeninhalt sein, denn das Preßdelikt als ein Mißbrauch der Preßfreiheit, welche in einem Abschnitt dieser Abhandlung als das subjektiv-öffentliche Recht der Gedankenäußerung charakterisiert worden ist, kann nur durch rechtswidrige Gedankenäußerungen begründet werden[2]).

[1]) Sie lautet: „Das gegenwärtige Gesetz findet Anwendung auf alle Erzeugnisse der Buchdruckerpresse sowie auf alle anderen durch mechanische oder chemische Mittel bewirkten, zur Verbreitung bestimmten Vervielfältigungen von Schriften und bildlichen Darstellungen mit oder ohne Schrift und von Musikalien mit Text oder Erläuterungen". Vgl. § 4 des österreichischen Preßgesetzes vom 17. Dezember 1862: „Alles, was in diesem Gesetze bezüglich der Druckschriften angeordnet wird, hat nicht bloß für die Erzeugnisse der Druckerpresse, sondern auch für alle durch was immer für mechanische oder chemische Mittel vervielfältigten Erzeugnisse der Literatur und Kunst zu gelten."

[2]) Dies wird von v. Schwarze-Appelius, „Das Reichspreßgesetz vom 7. Mai 1874", S. 8 bestritten. Wie im Text schon die Interpretation des preußischen Preßgesetzes, so L. Hartmann, Das Gesetz über die Presse vom 12. Mai 1851, S. 158: „das Gesetz über die Presse hat es daher mit der Presse nur insoweit zu tun, als sie das Mittel ist, Gedanken und Meinungen zu fixieren,

Der Begriff Gedankenäußerung ist nach den Bestimmungen des § 2 im streng intellektualistischen Sinne auszudeuten, denn diesen Bestimmungen gemäß sind die Musikalien ohne Text oder Erläuterungen nicht als Druckschriften anzusehen, weil die Musik durch ihre gestaltlosen Töne für sich nicht Gedanken ausdrückt, sondern von dem unbefangenen Gefühl erfaßt wird[1]. Die Gedanken sind im Sinne der modernen Psychologie Inhalte, Produkte bestimmter Denkakte. Je nach der psychologischen Eigenart der Denkakte gibt es psychologisch differenzierte Arten Gedanken. Wird nun der Ausdruck „Denken" im weitesten Sinne genommen, so bedeutet er alle Tätigkeit des Bewußtseins. Man unterscheidet ein Denken im weiteren Sinne, das auch das elementare Denken, die bloße sinnliche Wahrnehmung, und das assoziative Denken, d. h. die psychologisch unwillkürliche Verbindung der Vorstellungen, umfaßt, von einem Denken im engeren Sinne, das auf das begrifflich-logische Denken — die Begriffe bildende Bewußtseinstätigkeit und das wertende Denken, d. h. die schließende und werturteilende Bewußtseinstätigkeit, beschränkt ist. Es scheint nun, daß die Gedanken, deren Äußerung den Inhalt der Druckschrift bilden sollen, nur Produkte des Denkens im engeren Sinne des Wortes, d. h. des begrifflichen und wertenden Denkens, sind. Denn § 6 des RPG. erfordert für Drucksachen (Druckschriften steht inadäquat im Gesetzestext) wie Formulare, Preiszettel, Visitenkarten nicht einmal die Angabe des Druckers. Es ist wohl anzunehmen, daß dies wegen ihrer „Inhaltlosigkeit" ge-

---

zu vervielfältigen und zu verbreiten"; ebenso die herrschende Meinung, vgl. Berner, § 57, besonders v. Liszt, Lehrbuch des österreichischen Preßrechts, S. 37; das deutsche Reichspreßrecht, S. 136; Art. „Preßstrafrecht" in Holtzendorffs Rechtslexikon, S. 147f. Analog wird das belgische Recht ausgelegt, K. Schuermans Code de la presse, V. I. p. 311: . . le délit consistera dans la publicité donée à la pensée coupable.

[1]) Vgl. dagegen die interessante Entscheidung des Lemberger Landgerichts vom 21. März 1863 (Georg Lienbacher, Praktische Erläuterungen des österreichischen Preßgesetzes, S. 17), welche den Abdruck einer Melodie unter Preßrecht stellte mit der psychologisch richtigen Begründung, daß „eine allgemein verständliche Melodie nachhaltigere Wirkung als der Text üben könnte, ihre Intonation ganze Volksmassen zur Absingung des Liedes hinreiße".

schieht, obwohl zweifellos die bloße Tatsachenmitteilung in Preiszetteln sowie die Herbeiführung einer Gedankenassoziation, die bei einer Visitenkarte möglich ist, Gedanken im weitesten Sinne des Wortes sind[1]).

2. Die Frage nach dem zweiten notwendigen Begriffsmerkmal einer Druckschrift lautet: Was ist unter einer Objektivierung der Gedankenäußerung zu verstehen? Mit anderen Worten: Worin besteht die Form der Gedankenäußerung in einer Druckschrift?

Die Ausdrucksformen innerer Seelenzustände kann man im allgemeinen folgendermaßen klassifizieren: die ersten rudimentären Ausdrücke der Gemütsbewegungen sind mimische Bewegungen des Angesichts oder pantomimische Bewegungen des ganzen Körpers (namentlich der Arme und Hände); als entwickeltere Mittel der Gedankenmitteilung (des Vorstellungsausdrucks) kommen dann in Betracht die artikulierten Laute der Sprache und die artikulierten Bewegungen der Gebärdensprache (des Taubstummen und Naturmenschen). Die Schrift, welche die Gedanken durch das Mittel dauernd fixierter Symbole mitteilt, ist festgehaltene, in Dauerform gepreßte Sprache: Un écrit c'est une parole qui dure. Die Erfindung der Buchdruckerkunst hat ein neues Mittel der Gedankenmitteilung geliefert, die Herstellung einer dauernden Form aus beweglichen Lettern, die kunstgerecht zum Satz vereinigt werden.

Die Benutzung des einen oder anderen materiellen Mittels für die Äußerung der Gedanken ist vom preßrechtlichen Gesichtspunkte aus von großer Tragweite. Die englischen Libel- und Slandergesetze unterscheiden zwischen einer Beleidigung durch Schrift und einer solchen durch Worte; man kann, wie in einer Monographie über diesen Gegenstand zu lesen ist, einen Menschen Lügner, feig und liederlich straflos nennen, man muß sich aber in acht nehmen, ihm zu schreiben, daß er ein Esel ist[2]). Das französische Preßgesetz v. 29. Juli 1881 kennt „des crimes et délits commis par la voie de la presse ou par

---

[1]) Dazu ist noch das Reichsgesetz vom 3. Juli 1878 über den Spielkartenstempel, § 304, das Reichsgesetz betr. Stimmzettel für öffentliche Wahlen vom 12. März 1884 zu vergleichen.

[2]) L. Helbronner, op. cit. p. 8.

tout moyen de publication"[1]), das Gesetz umfaßt nicht nur Briefe und Preßerzeugnisse, sondern nach Art. 23 auch „discours" (sermo), „cris" (vociferatio), und „menaces"[2]). Hierbei sind unter „Discours" Äußerungen von einer förmlichen Rede bis zu einigen hingeworfenen Phrasen, ja bis zu einem einzigen Worte zu verstehen, unter „cris" alle unartikulierten Produkte der menschlichen Stimme[3]), wie Heulen, Murren, Pfeifen usw. zu den „menaces" kann sogar einfache Gebärde gehören[4]).

Nach dem RPG. können nur die Erzeugnisse der Buchdruckerei, der mechanischen oder chemischen Vervielfältigung, die bildlichen Darstellungen und die Musikalien mit Text oder Erläuterungen eine Gedankenäußerung bilden, die geeignet ist, Körper der Druckschrift zu sein.

3. Das dritte Begriffsmerkmal der Druckschrift ist die unbegrenzte Vervielfältigungsfähigkeit des Körpers, d. h. das Vorliegen eines technischen Verfahrens, durch das man (anders als bei der freien Reproduktion) gleichzeitig oder sukzessiv eine unbestimmte Mehrheit von identischen Exemplaren herstellen kann. Die Art des Verfahrens der Vervielfältigung, ob sie durch mechanische oder chemische, oder durch Mittel bewirkt, die man erst künftig erfinden wird, ist ebenso gleichgültig, wie der Stoff (Papier, Metall, usw.), der zur Herstellung der Exemplare dient.

4. Aus den Bestimmung des § 2 RPG. geht das Erfordernis hervor, daß die „Vervielfältigungen zur Verbreitung bestimmt sein müssen". Sind die drei ersten Merkmale des Begriffs der Druckschrift, Inhalt, Körper, Vervielfältigung verwirklicht, so liegt erst eine gedruckte Schrift vor; durch das Hinzutreten der Veröffentlichung wird sie dann eine Druckschrift im Sinne des RPG.

---

[1]) Der Titel des III. Kap. des Gesetzes v. 1881 (der Titel kommt zuerst im Gesetz vom 17. Mai 1819 vor).

[2]) Le Poittevin, I. S. 597f.; Fabreguettes, I. p. 279f.

[3]) „Une violente emission du son, ... expriment d'une manière spontanée un sentiment qui fait explosion." Fabreguettes, I. p. 272.

[4]) Le Poittevin, IV. p. 41, 181, 187, 222, 225, 242 (Beleidigung durch Gebärde).

Die Veröffentlichung (nach dem Sprachgebrauch: „das Erscheinenlassen", „das Herausgeben") ist eine öffentliche Handlung (keine bloße Willensäußerung und -erklärung), durch welche die Druckschrift dem Publikum zugänglich gemacht wird (§ 3 des RPG.). Beim Publikum ist, wie bereits oben erörtert ist, im Gegensatze zu dem Begriff der Volksmenge, an die Möglichkeit einer Kenntnisnahme für eine unbestimmte Anzahl Personen zu denken; diese Handlung gibt also der Druckschrift die reale Möglichkeit, das Maximum der Öffentlichkeit zu erreichen[1]).

Die Veröffentlichung ist das Produkt der Verlagstätigkeit, sie ist die intellektuelle und geschäftliche Verfügung, durch die der Berechtigte (Verleger oder Herausgeber) die Verbreitung anordnet. Sie liegt vor, sobald der Berechtigte im Bewußtsein, die Druckschrift dem Publikum zugänglich zu machen, an seine Organe die Anweisung zur Verbreitung gibt, also nicht etwa mit der Versendung vom Drucker an den Besteller oder an den Kommissionär (als den Beauftragten des Verlegers), sondern mit der Versendung des Buches an den Sortimenter, gleichgültig, ob der Sortimenter ein Buch verkauft oder alle zur Ansicht gegebenen Bücher zurückbekommen hat. Es kommt nicht darauf an, ob das Publikum von der Veröffentlichung wirklich Kenntnis nimmt oder genommen hat, sondern darauf, ob es Kenntnis nehmen konnte; der Erfolg scheidet von dem Begriff der Veröffentlichung völlig aus, diese kommt vielmehr lediglich als Anfangshandlung der Verbreitung einer Druckschrift in Betracht. Der erste Veröffentlichungsakt des Berechtigten, mit dem dieser über die Druckschrift verfügt und ihr die Bestimmung gibt

---

[1]) Auch darüber gehen die Ansichten in der preßrechtlichen Literatur auseinander. Es ist die Auffassung des Zugänglichmachens einer Druckschrift für einen größeren, wenn auch nach Zahl und Individualität bestimmten Personenkreis (Olshausen, Kommentar, S. 419. — RGE., v. 5/10. 1882, Bd. VII S. 43. — RGE. v. 22/10. 1883, Bd. IX S. 292. — W. Koller, Das Reichspreßgesetz, S. 17. — v. Schwarze-Appelius, op. cit. S. 14. — A. Schmid, Die strafrechtliche Verantwortlichkeit für Preßvergehen, S. 328) derjenigen Auffassung, die das Zugänglichmachen für das Publikum schlechthin (v. Liszt, RPG. § 42. — Berner, § 59,4. — Honigmann, Die Verantwortlichkeit des Redakteurs, S. 87. — Verhandlungen des 15. Juristentages, I. Bd. S. 275; vgl. auch die Theorie der Destinatäre Oetkers, Zur Lehre von dem Preßvergehen, S. 249f.) vertritt, gegenüberzustellen.

verbreitet zu werden, ist die Rechtshandlung, aus der in notwendiger Konsequenz die ganze Reihe der weiteren Verbreitungshandlungen hervorgeht. Der Beginn der Verbreitung ist aber bereits die Verbreitung selbst, da, wie v. Liszt hervorhebt, der Begriff der Verbreitung einer quantitativen Ausdehnung, aber keiner qualitativen Steigerung fähig ist, und da Verbreitung Zugänglichmachen und nicht Zugänglichsein bedeutet (publication und nicht publicité)[1]). Hieraus folgt, daß die Begriffe Veröffentlichung und Verbreitung, wie schon ältere Landesgesetze (so das preußische Gesetz v. 1851, § 32)[2]) ausgesprochen haben, identisch sind[3]).

In den angeführten Merkmalen: Inhalt, Körper, Vervielfältigungsfähigkeit, Publikation erschöpft sich der Begriff der Druckschrift. Daraus ergibt sich, daß, sobald auch nur eins von diesen Merkmalen fehlt, man nicht von einer Druckschrift

---

[1]) v. Liszt, Art. in Rechtslexikon Holtzendorff „Preßstrafrecht", S. 149f.

[2]) § 32 dieses Gesetzes lautet: „Die Veröffentlichung des Preßerzeugnisses ist erfolgt, sobald die Druckschrift verkauft, verbreitet oder an Orten, welche dem Publikum zugänglich sind, ausgestellt oder angeschlagen worden ist" (vgl. Hartmann, op. cit. S. 162f.). In demselben Sinne lautet das Bayr. G. v. 1850 § 1.

[3]) Die eindeutige Bestimmung der Begriffe „Veröffentlichung und Verbreitung" ist von großer preßrechtlicher Bedeutung, sie ist die unerläßliche Voraussetzung für Erörterungen über den Gerichtsstand der Presse (vgl. v. Liszt: Gutachten für den XV. deutschen Juristentag, „Aufsätze und Vorträge" Bd. I, S. 64, Gutachten für den XXV. deutschen Juristentag, Bd. II S. 176. — Kronecker, Gutachten für den XXV. deutschen Juristentag, Bd. II S. 22. — Kitzinger, Der ambulante Gerichtsstand der Presse, S. 12. — Mewes, Bemerkungen zum Reichsgesetz über die Presse v. 7/5. 1874 „Archiv für Strafrecht", Jahrg. 32, S. 23f.) und über die Verjährung der Preßdelikte (vgl. P. Aberer, Die Verjährung der durch Verbreitung von Druckschriften begangenen strafbaren Handlungen, S. 28. — Appelius, Groschuff, Stenglein und v. Marquardsen in der „Juristen-Zeitung", Jahrg. 1896, SS. 214, 235, 335, 457. — F. Rathenau, Die Preßdelikte und der Begriff der Fortsetzung S. 376), Die Terminologie„ Ausgabe, Erscheinen, Veröffentlichung" einerseits und „Verbreitung" andererseits ist keine feste. v. Liszt stellte zuerst die Veröffentlichung (die „Ausgabe", die Verlegertätigkeit als Begriffsmerkmal der Druckschrift) der Verbreitung (die Tätigkeit des Sortimenters als Begehung des Preßdelikts) gegenüber (vgl. Verhandlungen des XIV. deutschen Juristentages 1880, S. 276. — Gutachten für den XV. deutschen Juristentag, „Aufsätze und Vorträge" I, S. 69), ebenso Kloeppel (op. cit. S. 152f.) — allerdings für Kloeppel ist die Veröffentlichung (nicht die Verbreitung) Begehung des Preßdelikts. Neuerdings

reden kann. Nach diesem prinzipiellen Kriterium wird die Frage, die in der Praxis in zahlreichen Einzelfällen aufgetaucht ist, was eine Druckschrift im Sinne des RPG. sei, entschieden werden können. Spielkarten, Speisekarten, Formulare, Preisverzeichnisse, Preistarife, Visitenkarten, Telegramme, Neujahrskarten, falsche Münzen, Hausgeräte, falsches Papiergeld, Schau- und Denkmünzen, Börsenkurszettel, alle bloß bedruckten Papiere sind keine Druckschriften, weil ihnen teilweise der Inhalt, eine Gedankenäußerung, teilweise auch die Publikation, oder aber auch beide Momente gleichzeitig fehlen; alle nicht gedruckten, nur geschriebenen Schriften und Manuskripte, die briefliche Korrespondenz, die Versendung des Titels eines Buches, das Vorlesen des Inhalts eines Werkes, endlich die Vorführung eines Phonographen und Kinematographen sind keine Druckschriften, weil sie keinen „Körper" haben und nicht vervielfältigungsfähig sind; die gedruckten Manuskripte, die Grundrisse für die Vorlesungen, die verlesenen Resolutionen in den öffentlichen Versammlungen, die ausschließlich an die Redaktion gesendeten Korrespondenzen sind keine Druckschriften, weil sie nicht das Merkmal der Publikation, des Zugänglichmachens für das Publikum besitzen; auch die Warenetiketten oder Papierservietten sind keine Druckschriften, weil sie bloß zum Gebrauchszweck bestimmt sind und weder einen Inhalt haben, noch sich an das Publikum wenden können, — wenn sie aber mit literarischem oder bildlichem Beiwerk versehen sind, das über das Gewerbebedürfnis hinausgeht, sind sie freilich doch als Druckschriften zu betrachten. Das gleiche gilt für Photographien; auch hier müssen alle wesentlichen Begriffsmerkmale einer Druckschrift notwendig

---

hat v. Liszt (s. Verhandlungen des XXV. des deutschen Juristentages, Bd. I S. 180) den Begriff der Veröffentlichung (wie er es schon in dem Gutachten von 1880 „Aufsätze und Vorträge" I S. 69 angedeutet hat) als Beginn der Verbreitung, also als Verbreitung schlechthin, aufgefaßt. Vgl. auch Marquardsen, Das Reichspreßgesetz, S. 55f. — v. Schwarze-Appelius, op. cit. S. 11f. — Koller, op. cit. S. 16f. — G. Thilo, Das Preßgesetzbuch für das Deutsche Reich, S. 3. — A. Heilbron, Das deutsche Reichspreßrecht, S. 6f. — Delius, Das Reichsgesetz über die Presse, Hannover, 1895 S. 7. — Berner, op. cit. S. 168. Über die Begriffe Verbreitung (als Inverkehrbringen) und Erscheinen (als Unterbegriff der Veröffentlichung) im Autorrecht vgl. J. Kohler, op. cit. S. 181.

zusammentreffen, damit sie unter das Preßrecht fallen. Die Porträtphotographien also, die weder einen Inhalt besitzen, noch zur Verbreitung bestimmt sind, sind keine Druckschriften[1]).

Die Definition der Druckschrift im Sinne des RPG. hat also zu lauten: Die Druckschrift ist die mit der Möglichkeit der Vervielfältigung objektivierte, veröffentlichte Gedankenäußerung.

Das Preßdelikt ist nun die durch den Inhalt einer Druckschrift bewirkte rechtswidrige Tat. Die analytische Erörterung des Begriffs der Druckschrift, also des objektiven Preßdeliktstatbestandes, gestattet jetzt, auf die Frage nach dem spezifischen Wesen des Preßdelikts überhaupt eine Antwort zu geben. Das Preßdelikt hat zuerst eine sozialpsychische, sodann ein juristische Bedeutung. Die sozialpsychische Bedeutung des Preßdelikts besteht darin, daß in dem Körper der Druckschrift sich der Denkprozeß zu handfester Greifbarkeit konkretisiert, in ihm der Mensch

---

[1]) Die im Text genannten Beispiele sind aus der deutschen und österreichischen Rechtsprechung entnommen. Vgl. für die österreichischen Gerichtsentscheidungen über die Begriffselemente der Druckschrift Otto Granichstädten, Das Urheberrecht, Preßgesetz und das objektive Verfahren, erläutert durch gerichtliche Entscheidungen, S. 53—136, und die Entscheidungen, auf welche das Generalregister vom 1. bis 17. Bd. der Nowakschen Sammlung der Plenarbeschlüsse und Entscheidungen des K. K. Obersten Gerichts- und Kassationshofes (S. 104—118) hinweist; vgl. auch v. Liszt, Österr. Preßrecht, S. 62 f. Für die reichsdeutsche Rechtsprechung vgl. die Entscheidungen des RG., welche das Generalregister zum ersten bis fünfundreißigsten Bande der Entscheidungen des Reichsgerichts in Strafsachen, S. 487—495) enthält. — Über den Begriff der Druckschrift herrscht in der Literatur und Rechtsprechung eine große Unklarheit; dies erklärt sich daraus, daß man die Begriffsmerkmale der Druckschrift nicht im Zusammenhang betrachtet und dann in der Isolierung mißversteht. Hierfür einige Beispiele: G. Thilo, op. cit. S. 2 rechnet die Denkmünzen zu den Druckschriften. — Kayser, op. cit. S. 567. — v. Schwarze-Dellius, op. cit. S. 83 fassen das Vorlesen einer Druckschrift als Verbreitung auf. — R. G. E. vom 15/3. 1882, Bd. 6, S. 86, bezeichnet die „geistige Mitteilung" als Inhalt der Druckschrift, behauptet aber, daß sie auch bei dem einfachen Stimmzettel denkbar wäre. — Ludwig Fulda (Sind Stimmzettel Druckschriften? S. 174f.) geht noch weiter, er bestreitet, daß geistiger Inhalt überhaupt zum Begriff der Druckschrift gehöre; vgl. ferner: v. Liszt, Deutsches Reichspreßrecht, S. 13f. — v. Mangoldt, Das Gesetz über die Presse vom 7. Mai 1874, S. 3. — Kloeppel, op. cit. S. 152. — v. Schwarze-Appelius, op. cit. S. 10f. — Marquardsen, op. cit. S. 54f. — Berner, op. cit. S. 164f. — Heilborn, op. cit. S. 6. — Thilo, op. cit. S. 2. — Koller, op. cit. S. 14. — Delius, op. cit. S. 5.

seine geistigen Kräfte projiziert, der Geist sich in Materie verwandelt. Durch die Zugänglichkeit und tatsächliche Verbreitung einer unbegrenzten Vielheit von Druckschriften für ein unbestimmtes und unbestimmbares Publikum wird die Materie wieder Geist. Und zwar gestaltet sich der einmal von dem denkenden Individuum losgelöste, geäußerte Gedanke sein eigenes Schicksal, er wird selbst eine Individualität, die in unwiderstehlicher Weise auf das lesende Publikum Einfluß auszuüben strebt, in ihm Gemütsstimmungen und Werturteile hervorruft, an die Rivalin der Staatsordnung, an die Urteilsinstanz der öffentlichen Meinung appelliert und damit in irgend einer Weise die Staatsordnung gefährden kann.

Das durch die Eigenart der Druckschrift bedingte, sozialpsychologische Wesen des Preßdelikts erklärt die Art seiner juristischen Normierung und die Unterschiede zwischen dem Preßdelikt und den übrigen Delikten. In dem gedruckten Preßerzeugnis ist der strafbare Gedankeninhalt niedergelegt, in ihm ist das Preßdelikt damit vorbereitet und begründet[1]), durch den ersten Veröffentlichungsakt wird es vollendet. Eben hierin, in der Verbreitung von Druckschriften strafbaren Inhalts (§ 22), besteht die deliktische Ausführungstätigkeit bei den durch die Presse verübten strafbaren Handlungen. In der Eigenart dieser Ausführungstätigkeit beim Preßdelikt liegt auch das Merkmal, durch die dieses sich von dem gemeinen Delikt unterscheidet. Das hat schon 1776 Condorcet[2]) anerkannt, indem er auf die Frage: Dans quel cas un écrit peut-il être un crime public? ohne weiteres die Antwort gab: C'est dans la publication de l'ouvrage qui est le véritable délit. In ähnlichem Sinne schrieb B. Constant später: Les délits de la presse ne consistent que dans la publicité donnée à des opinions réputées coupables[3]).

---

[1]) Von Druckschriften strafbaren Inhalts sprechen §§ 11, 20, 21, 22 des RPG., § 41 des StGB., § 7 der StPO. (Novelle v. 13. 1902).

[2]) Condorcet, Fragments sur la liberté de la Presse. 1776, p. 258.

[3]) Constant, „Oeuvres" vol. I, p. 538: Questions sur la législation actuelle de la Presse en France. — Ebenso das geltende französische Preßrecht: c'est la publication qui fait le délit. Siehe G. Barbier, Code expliqué de la Presse. T. I, p. 204.

Nun besteht das Eigentümliche beim Preßdelikt darin, daß die Begehungshandlung an und für sich neutral ist; damit sie den ganzen Tatbestand des Preßdelikts enthalte, muß sie mit einem andern, inneren Moment, dem strafbaren Inhalt in Verbindung gebracht werden. Daraus folgt zunächst, daß die Druckschrift eine von dem Verfasser ihres Inhalts unabhängige Existenz führen kann[1]); dies ist der Fall, wenn der Verfasser tot ist, oder wenn er die Ansicht, die er in der Druckschrift vertreten hat, ändert. Diese Eigentümlichkeit ist dem Preßdelikt allein charakteristisch, bei allen anderen Verbrechen und Vergehen, wie Mord, Diebstahl, Betrug bilden die Tat (resp. Absicht, Vorsatz oder Fahrlässigkeit) der Erfolg und der Kausalzusammenhang zwischen beiden den Deliktstatbestand. Bei dem Preßdelikt kann man weder die materiellen Folgen, noch das Corpus delicti sichtbar darstellen, die publizierte Gedankenäußerung offenbart bereits fertig die kriminelle Tat ohne Rücksicht auf den Erfolg, ohne daß sie eine materielle Veränderung in der Außenwelt bewirkt.

Die eigenartige Natur des Preßdelikts zwingt uns, diejenigen Delikte auszuscheiden, deren objektiver Tatbestand nicht vollständig in der Druckschrift verkörpert ist, zu denen noch weitere materielle Erfolge erforderlich sind. Das sind alle Delikte, bei welchen die Presse als bloßes Begehungsmittel für die Erreichung bestimmter konkreter Ziele dient und die Rechtswidrigkeit erst mit der Erreichung dieser Ziele eintritt[2]), wie die durch Annoncen oder durch das Handelsblatt begangenen Delikte, die unter das Gesetz gegen den unlautern Wettbewerb, das Handelsgesetzbuch oder das Reichsbörsengesetz, ebenso die Delikte wie Erpressung, Betrug, die unter das allgemeine Strafgesetzbuch fallen. Diese Delikte sind dadurch, daß zu ihrer

---

[1]) J. Kohler, (op. cit. S. 5) geht noch viel weiter: „Eine jede Schöpfung", behauptet er, „schafft Entzweiung zwischen dem Schöpfer und dem Geschafften" — aus diesem Grundgedanken heraus erklärt er das Autorrecht für eine selbständige juristische Disziplin.

[2]) Dagegen sind diese Delikte für diejenigen Schriftsteller, welche die Verbreitung als ein Mittel, eine Modalität der Begehung auffassen, Preßdelikte, so R. Löning, Die strafrechtliche Haftung des verantwortlichen Redakteurs, S. 122f. — R. Schmidt, Die strafrechtliche Verantwortlichkeit, S. 32.

Begehung die Presse benutzt wird, ebensowenig Preßdelikte, als, wie Portalis[1]) sagt, etwa ein Mord, der mittels eines Dolches oder einer Pistole verübt wird, deshalb ein durch dieses Mittel der Begehung charakterisiertes Delikt wird.

Ist das Preßdelikt durch den einmaligen Akt der Veröffentlichung einer Druckschrift vollendet, so kann es keinen Versuch des Preßdelikts geben, insofern ein Versuch der Gedankenäußerung oder der Publikation unmöglich ist[2]), während alles, was der publizierten Gedankenäußerung vorangeht (Konzeption, Niederschrift, Abschließen des Verlagsvertrages, Beförderung zum Druck, Drucklegung) als straflose Vorbereitungshandlung zu betrachten ist, und alle weiteren Verbreitungshandlungen, welche der Publikation folgen, nur noch für die Beendigung, nicht mehr für die Vollendung des Preßdelikts in Frage kommen[3]).

---

1) Rapport au conseil des anciens, le 15 avril 1797, (26. germ. an V).

2) So v. Liszt, deutsch. RPG., S. 147, 152. — Kloeppel, S. 317. — v. Schwarze-Appelius, S. 148. Dagegen Berner, S. 279. — Löning, S. 126. — v. Schwarze (2. Auflage) S. 124. — Honigmann, S. 94. — Kayser, Das Reichspreßrecht in v. Holtzendorffs Handbuch des deutschen Strafrechts, Bd. IV, S. 597, neuerdings auch O. Gaze, Die strafrechtliche Haftung für Preßdelikte, S. 17.

3) Mit dem Preßdelikt, das von keinem Preßgesetz juristisch technisch bestimmt ist, hat sich die preßrechtliche Literatur wiederholt befaßt. Hier mag eine Verweisung auf die wichtigsten Autoren, welche das Preßdelikt juristisch zu ergründen und konstruieren versuchen, genügen. Die Unterscheidung J. Glasers (Gutachten für den deutschen Juristentag über die Behandlung der Preßvergehen (1866, S. 339) zwischen uneigentlichen und eigentlichen Preßdelikten ist von H. Jacques (Grundlagen der Preßgesetzgebung, S. 28; vgl. über Jacques, Ad. Merkel, gesammelte Abhandlungen, Bd. I, S. 324) und von John (Gutachten, Verhandlungen des 6. deutschen Juristentages, Bd. I, S. 318f.) treffend widerlegt worden. F. v. Liszt unterschied zuerst in seinem allseitig wissenschaftlich durchgearbeiteten System des österr. Preßrechts (S. 70) Preßdelikte dreierlei Art, eine Unterscheidung, welche er in seinem jüngeren Werk über das RPR. (Vorwort) nicht übernahm; die Konstruktion des Preßdelikts, die von Liszt in diesem Werke (S. 136) sowie in seinem Artikel „Preßstrafrecht" (Rechtslexikon von Holtzendorff, S. 148) mit aller Schärfe festgestellt hat, hat alle späteren Versuche über das Wesen des Preßdelikts beeinflußt, so Kloeppel, S. 299. — Honigmann, S. 86. Für die Kasuistik ist die Abhandlung von Galli, Zur Begriffsbestimmung der Preßdelikte (Goltdammers Archiv, Bd. 52, S. 116) zu nennen. Vgl. auch F. Oetker, Zur Lehre von den Preßvergehen, I, Die juristische Natur der Preßvergehen, Goltdammers Archiv, Bd. 26, S. 248—302. — H. Schuermanns, Code de la presse, T. I, p. 293. Ich nenne ferner folgende

b) Begriff der Preßverantwortlichkeit.

Die Druckschrift ist das Objekt des Preßdelikts, Subjekt ist der, der für die Veröffentlichung eines strafbaren Inhalts durch die Presse kausal und verantwortlich ist. Hierbei ist den herrschenden Preßrechtssystemen charakteristisch, daß bei der rechtlichen Regelung der preßrechtlichen Verantwortlichkeit eine Divergenz zwischen Kausalität, Verschulden und Schuldhaftung besteht. Für die Erklärung dieser Erscheinung dürften folgende Momente in Frage kommen, zunächst die Art der Beteiligung der Personen an der Hervorbringung der Druckschrift. An dem Zustandebringen der bereits oben erwähnten vier Elemente einer Druckschrift beteiligen sich vier Gruppen von Personen: die Voraussetzung für die Konzeption des Gedankeninhalts der Druckschrift ist der Verfasser, während als Schöpfer ihres Körpers der Drucker anzusehen ist, der Vermittler zwischen Verfasser und Drucker ist der Verleger, Herausgeber oder verantwortliche Redakteur, der Vermittler zwischen Verfasser und Publikum dagegen der Verbreiter. Bei dem Zusammenwirken dieser verschiedenen Hauptpersonen[1]), durch das die Verbreitung der Druckschrift erst ermöglicht wird, entsteht nun die Frage, inwiefern bei Verwirklichung deliktischer Tatbestände die Schuldverteilung nach Existenz, Umfang und Grad des Verschuldens vorzunehmen ist.

Dissertationen von ungleichem wissenschaftlichen Werte: J. J. Buys, De Jure cogitata communicandi. — Christidi, Du régime de la Presse en France. — Duchaine, Du délit de Presse. — Jules Roger, Délits de Presse commis par la voie du livre. — Jules Mussard, Les délits du publication. — Angele Sabourdin, Du délit de diffamation politique et de sa repression. — Ch. Laurent, Etude sur les délits de presse. Die Arbeit von Evertsen de Jonge, Tweede Bijdrage over de zoogenoemde „délit de la presse" enthält viel rechtsvergleichendes Material, vgl. auch Evertsen de Jonge, Bijdrage tot de leer der zoogenoemde „délits de la Presse", und D. Simons, De vrijheid von Druckpers in verband met het wetboek van Strafrecht, S. 30f.

[1]) Vgl. die Ausführungen des ersten Abschnittes dieser Abhandlung (S. 22), aus welcher zu ersehen ist, daß die Herstellung und Veröffentlichung einer Zeitung am Anfang der Entwicklung des Preßwesens in den Händen des Verlegers (welcher auch Verfasser des Inhalts war und als solcher galt) und des Druckers lag. Die Annahme Johns (Gutachten für den 6. Juristentag), daß der verantwortliche Redakteur der Verfasser des Inhalts der Preßerzeugnisse wäre, entspricht heute nicht mehr den Tatsachen.

Ferner aber kommt für die erwähnte Divergenz in Frage, daß das Recht der Anonymität, deren Maskenfreiheit in fast allen Ländern eine wesentliche Bedingung der Existenz der Presse zu sein scheint, die Feststellung der strafrechtlichen Form und Schuldart der Täterschaft und Teilnahme ungemein erschwert. Eine der wenigen Ausnahmen in dieser Hinsicht zeigt der § 12 der Verfassung Brasiliens vom 24. Februar 1881[1]), der die Anonymität verbietet.

Bezüglich der Regelung der Preßverantwortlichkeit haben sich im Preßrecht zwei Systeme ausgebildet, von denen das eine, das englische, die Grundsätze des allgemeinen Strafrechts anwendet, während das zweite, das französisch-belgische, ein Preßsonderrecht geschaffen hat. Da nur bei diesem System sich spezifisch preßrechtliche Normen ausgebildet haben, so kommt es für unsere Untersuchung allein in Frage. Hier sind zunächst die französischen Preßgesetze von 1793, 1796, 1800, 1819 und 1828 von Bedeutung, deren in der preßrechtlichen Literatur vielfach mißverstandenen Bestimmungen wegen ihrer grundlegenden Wichtigkeit im ursprünglichen Wortlaut wiedergegeben werden sollen[2]). Die ersten Bestimmungen, welche eine Schuldverteilung der bei der Verursachung des Preßdelikts beteiligten Personen in einer für die spätere Zeit vorbildlichen Weise

---

[1]) Vgl. F. R. Dareste, Les constitutions modernes. T. II. p. 649. Die Unterzeichnung aller politischen, philosophischen und religiösen Artikel ist schon 1848 von Louis Blanc und Duprat verlangt, von dem sogen. Tingny'schen Gesetz v. 16.—19/7. 1850 gefordert worden (vgl. die lesenswerte Rede de Tingny's gegen „le prestige de l'anonyme . . . . . de l'inconnu" bei Avenel, op. cit. p. 436 f.). Über die Anonymität als eine Notwendigkeit vgl. den auf einem internationalen journalistischen Kongreß gehaltenen Vortrag Emile Zola's, „Die Zukunft", S. 594. Siehe auch den Aufsatz von J. Levy, Die Anonymität in der Tagespresse. „Vossische Zeitung" 1904 Nr. 509, Morgenausgabe. Gegen die Anonymität richten sich die bekannten Ausfälle Schopenhauers (Parerga und Paralipomena S. 541).

[2]) So hat beispielsweise Löning (Der verantwortliche Redakteur, S. 162) den Ursprung und die Haftung des französischen Gérant-Instituts verkannt. Auch die neueste Monographie von Fr. Zimmermann, die Grundbegriffe des französisch-belgischen Preßstrafrechts, enthält nicht alle den Ursprung und die Entwicklung des französischen Preßverantwortlichkeitssystems betreffenden Gesetzesbestimmungen.

organisiert haben, sind enthalten in dem Zensurgesetz vom 29.—31/3. 1793: „Décret relatif aux auteurs, colporteurs d'écrits tendant à la dissolution de la Convention, au rétablissement de la royauté ou de tout autre pouvoir attentatoire à la souveraineté de peuple“ und in dem Direktorialgesetz vom 28. Germinal an IV (17/4. 1796) „Loi contenant des mesures répressives des délits qui peuvent être commis par la voie de la presse.“

Der Verordnung des Zensurgesetzes von 1793 zufolge besteht eine Benennungspflicht aller bei der strafbaren Schrift beteiligten Personen unter krimineller Haftung bei Nichterfüllung.

La Convention nationale décréte:

Art. 1er. Quiconque sera convaincu d'avoir composé ou imprimé des ouvrages ou écrits qui provoquent la dissolution de la réprésentation nationale ..... sera traduit au tribunal extraordinaire et puni de mort.

Art. 2e. Les vendeurs, distributeurs et colporteurs de ces ouvrages ou écrits, seront condamnés à une détention qui ne pourra excéder trois mois, s'ils déclarent les auteurs, imprimeurs ou autres personnes de qui ils les tiennent; s'ils refusent cette déclaration, ils seront punis de deux anneés de fer[1]).

Nach dem § 2 dieses Zensurgesetzes hat die Benennung des Verfassers oder Druckers eine bedeutende Herabminderung der kriminellen Haftung und Strafe der übrigen an dem Preßdelikt beteiligten Personen zur Folge, während die Nichtbenennung eine größere Strafe nach sich zieht, die aber geringer ist, als die für den Verfasser angeordnete.

Die Leitgedanken des Direktorialgesetzes von 1796 waren die folgenden: der Verfasser des strafbaren Inhalts wird als erster Täter verfolgt und allein bestraft und nur, wenn er außer Verfolgung bleiben muß, sind die Drucker, Verkäufer und Verbreiter als Teilnehmer zu bestrafen. Die wichtigsten Bestimmungen des Gesetzes lauten:

---

[1]) Der Text ist bei J. B. Duvergier, Collection complète des Lois, Décrets, Ordonnances, Réglements, Avis du conseil d'état. Paris. 1834. T. 5e (2 édit.) p. 230 zu lesen.

Art. 1er. Il ne doit être imprimé aucun journaux, gazettes ou autres feuilles périodiques que ce soit, distribué aucun avis dans le public, imprimé ou placardé aucune affiche, qu'ils ne portent le nom de l'auteur, le nom et l'indication de la demeure de l'imprimeur.

Art. 6e. Ceux qui seront trouvés vendant, distribuant, colportant ou affichant aucuns des dits écrits, seront arrêtés et conduits devant le directeur du jury d'accusation; ils seront tenus de nommer les personnes qui leur ont remis les dits écrits. Les personnes déclarées seront successivement appelées, jusqu'à ce que le directeur du jury parvienne à l'imprimeur ou à l'auteur.

Art. 8e. Dans le cas où l'auteur ne serait point indiqué par les imprimeurs, vendeurs, distributeurs, colporteurs et afficheurs, ainsi que dans le cas où les indications qu'ils auraient donnés se trouveraient fausses, ou porterait soit sur un étranger, soit sur une personne non domicilée, ils seront punis de deux années de fer; en cas de récidive ils seront punis de la déportation.

Art. 10e. Lesdédits imprimeurs, distributeurs, vendeurs, colporteurs et afficheurs arrêtés en exécution de la présente loi, ne seront jugés et ils ne pourront, en aucun cas, être mis en liberté, qu'après le jugement de l'auteur, s'il a été dénoncé et saisi, ou après que l'inutilité des recherches pour le découvrir et le saisir aura été constatée, soit par un procès-verbal de perquisition, soit par la déclaration des imprimeurs, distributeurs, vendeurs, colporteurs et afficheurs, que l'auteur leur est inconnu[1]).

In dem „Arrêté du 27. nivose an VII (17/1. 1800) tritt zum erstenmal in der Geschichte der Preßgesetzgebung die Verantwortlichkeit des geschäftlichen Unternehmers der periodischen Druckschriften auf. Art. 4 dieser Verordnung lautet:

Les propriétaires et rédacteurs des journaux conservés par le prèsent arrêté se présenteront au ministre de la police pour

---

[1]) Duvergier, loc. cit. T. 9e p. 80/81.

justifier de leur qualités de citoyens français, de leur domicile et de leur signature, et promettront fidélité à la constitution[1]).

Dieser Gedanke ist von den französischen Preßgesetzen von 1819 und 1822, welchen der Grundgedanke für die Organisation der Verantwortlichkeit bei Preßdelikten zu verdanken ist, weiter ausgebildet.

Das Preßgesetz vom 9/10/7. 1819 — Loi relative à la publication des journaux ou écrits périodiques — verordnet, daß der „éditeur responsable" als Täter kumulativ neben dem „auteur" haftet, ohne daß es auf seine wirkliche Schuld ankommt Art. 1er des Gesetzes bestimmt:

Les propriétaires ou éditeurs de tout journal ou écrit périodique .... seront tenus, 1° de faire une déclaration indiquant le nom, au moins, d'un propriétaire ou éditeur responsable, sa demeure et l'imprimerie, dûment autorisée, dans laquelle le journal ou l'écrit périodique doit être imprimé.

2° ..... La responsabilité des auteurs ou éditeurs indiqués dans la déclaration s'étendra à tous les articles insérés dans le journal ou écrit périodique, sans préjudice de la solidarité des auteurs ou rédacteurs des dits articles[2]).

Das unter dem Ministerium Martignac promulgierte Preßgesetz vom 18.—23/7. 1828 — Loi sur les journaux et écrits périodiques — weist für den Fall, daß das Zeitungsunternehmen nicht von einem einzelnen, sondern von einer Gesellschaft ausgeht, Sonderbestimmungen auf, die für die spätere Entwicklung des Preßrechts epochemachend geworden sind.

So lautet Art. 4. des Gesetzes:

.... En cas d'association, la société devra être l'une de celles qui sont définies et regies par le Code de commerce ...... Hors le cas où le journal serait publié par une société anonyme, les associés seront tenus de choisir entre eux un, deux ou trois gérans, qui, aux termes des art. 22 et 24 du Code de commerce, auront chacun individuellement la signature.

---

[1]) Duvergier, loc. cit. T. 12e, p. 61.

[2]) Duvergier, loc. cit. T. 22e, p. 164.

Art. 5e Les gérans responsables, ou l'un ou deux d'entre eux, surveilleront et dirigeront par eux—mêmes la rédaction du journal ou écrit périodique. Chacun des gérants responsables devra . . . . être propriétaire au moins d'une part ou action dans l'entreprise, et posséder en son propre et privé nom un quart au moins du cautionnement. [1])

Das Gesetz von 1828 hat also in Art. 5 an die Stelle der „éditeurs responsables" des Gesetzes von 1819 den „gérant responsable" gesetzt und auf diesen die besondere preßstrafrechtliche Haftung übertragen. Der Gesetzgeber von 1828 beabsichtigte dadurch, die mangelhafte Organisation der Preßverantwortlichkeit des Gesetzes von 1819 zu beseitigen, nämlich die Möglichkeit des Strohmännertums, die Tatsache, daß durch das Gesetz von 1819 der dem Zeitungsgeschäft und der Redaktion fremde „éditeur" für die durch die Zeitung begangenen Delikte haften mußte. Der „gérant responsable" des Gesetzes von 1828 mußte der geschäftliche Hauptinteressent des Zeitungsunternehmens sein. Als geschäftlicher Leiter der Zeitung war er zugleich verpflichtet, auch die Überwachung und Leitung der Redaktion zu übernehmen. Als Gewähr für die Erfüllung dieser Kontrollpflicht mußte der „gérant" jede erscheinende Nummer unterzeichnen, und diese Unterzeichnung auf allen Exemplaren je am Ende drucken lassen, die handschriftlich unterzeichneten Exemplare mußten der Staatsanwaltschaft, bezw. dem Bürgermeister übergeben werden [2]). Das Nähere über die Pflichten des „gérant" enthält Art. 8 des Gesetzes:

Chaque numéro de l'écrit périodique sera signé en minute par le propriétaire, s'il est unique; par l'un des gérants

---

[1]) Duvergier, T. 28e, p. 225.
„Si les gérans responsables ne possèdent pas en propre le quart du cautionnement, ils seront admis à justifier que, outre leur part dans l'entreprise, ils sont vrais et légitimes propriétaires d'immeubles . . . . . Ces immeubles devront être libres de toute hypothèque. (Duvergier, p. 229. [T. 28e]).

[2]) Vgl. die Entscheidung des Tribunal de la Seine, v. 15/7. 1896, wonach diese von dem geltenden französischen Preßgesetz v. 1881 übernommene Bestimmung nicht als wesentlich anzusehen ist: La loi du 29/7. 1881 a établi contre le gérant d'un journal une présomtion de responsabilité qui n'est pas détruite par cette circonstance que sa signature manuscrite ne figure pas sur l'exemplaire déposé au parquet. „Journal des Parquets". T. 11, p. 133.

responsables, si l'écrit périodique est publié par une société en nom collectif ou en commandite, et par l'un des administrateurs, s'il est publié par une société anonyme.

L'exemplaire signé pour minute sera, au moment de la publication, déposé au parquet du procureur du Roi du lieu de l'impression, ou à la mairie dans les villes où il n'y a pas du tribunal de première instance,. à peine de cinq cents francs d'amende contre les gérans. . . . . La signature sera imprimée aubas de tous les exemplaires.

. . . . . Les signataires de chaque feuille ou livraison seront responsables de son contenu, et passibles de toutes les peines portées par la loi à raison de la publication des articles ou passages incriminés, sans préjudice de la poursuite contre l'auteur ou les auteurs désdits articles ou passages, comme complices.

En conséquence, les poursuites judiciaires pourront être dirigées tant contre les signataires des feuilles ou livraisons, que contre l'auteur et les auteurs des passages incriminés, si ces auteurs peuvent être connus ou mis en cause[1]).

Die Preßverantwortlichkeit des „gérant" besteht also nach dem Art. 8 des Gesetzes von 1828 in einer Haftung für die von anderen Personen begangenen, nicht für eigene Delikte. Das Gesetz erfordert zu der Preßverantwortlichkeit kein subjektives Verschulden. Der Gérant haftet selbst dann, wenn er durch Abwesenheit oder Krankheit von dem inkriminierten Artikel keine Kenntnis hatte, also am Delikt teilzunehmen verhindert war. Das Gesetz läßt den Umstand unbeachtet, daß der Gérant selbst der Verfasser, also der Täter sein kann, der Gérant muß aber neben und mit dem Schuldigen haften, auch wenn der schuldige Täter bekannt ist, also die Nichttäterschaft des Gérant feststeht. Daraus ist zu ersehen, daß das Gesetz eine Täterschaft des Gérant nicht präsumiert.

Die große prinzipielle Tragweite des Gérant-Instituts besteht aber darin, daß der Gérant die Zeitung wirtschaftlich und geistig personifizierte; denn, wie schon oben nach dem Art. 5 hervorgehoben worden ist, gehörte zu dem Begriff des Gérant

---

[1]) Duvergier, T. 28e, p. 227.

notwendig die Geschäftsleitung des Zeitungsunternehmers einerseits, die tatsächliche Einwirkung auf die geistige Gestaltung des Inhalts der Preßerzeugnisse andererseits. Der Gérant ist nicht nur privatrechtlicher Repräsentant einer „société en nom collectif ou en commendite“, sondern zugleich auch öffentlichrechtliches Organ; er wird vor aller Öffentlichkeit als dem Staat gegenüber verantwortlich für die Erfüllung gewisser öffentlicher Pflichten und bestimmter rechtlicher Voraussetzungen behandelt.

Der Ursprung dieses Instituts geht auf Napoleons Zensur zurück. Dieser hatte zuerst den kühnen Versuch gemacht, an die Stelle des Zensors, welcher das „Journal des Débats“ zu prüfen hatte, einen vom Polizeiminister ernannten und der Regierung gegenüber verantwortlichen „rédacteur en chef“ zu setzen. Diesem ersten Schritte folgten Ernennungen solcher Redakteure für folgende Zeitungen: „le Publiciste“, „Gazette de France“, „Mercure de France“[1]). Die Stellung der „rédacteurs en chef“ hing wie diejenige der staatlichen Zensoren von dem Polizeiminister ab, aber einmal ernannt, erlangte der „rédacteur en chef“ eine große Bewegungsfreiheit, und als einziger „maître“ der Redaktion konnte er nach seinem Belieben Artikel aufnehmen, ablehnen, abändern, nur blieb er stets für die Art seines Redigierens vor der Regierung verantwortlich[2]).

Die im vorstehenden geschilderten strafrechtlichen Sonderbestimmungen über die Preßverantwortlichkeit haben in der Geschichte der Preßgesetzgebung eine weitere Ausbildung erfahren; sie bildeten gewissermaßen den prinzipiellen Ausgangspunkt für verschiedene Entwicklungsstufen, je nachdem der eine oder andere Rechtsgedanke ihnen zugrunde gelegt wurde. Diese

---

[1]) Vgl. G. le Poittevin, La liberté de la presse depuis la Révolution 1789—1815, p. 178. 188.

[2]) Diese Einrichtung fand Napoleon sehr zweckmäßig, so schrieb er einmal (am 12/6. 1805): „. . . il faut déclarer que le gouvernement ne peut répondre des sottises qu'ils peuvent dire, mais que les journalistes en répondront personnellement . . . il y a dans le vague de la liberté de la presse quelque chose dont il est bon de profiter. . . Il faut qu'ils puissent mettre quelque article vague contre telle ou telle puissance, et qu'on puisse répondre aux ambassadeurs: Faites une plainte, on les poursuivra devant les tribunaux . . . (le Poittevin, La liberté de la presse, p. 158).

Entwicklungsstufen bilden die belgische Verfassung vom 7/2. 1831 und das belgische Preßgesetz vom 20/7. 1831, das badische Gesetz vom 28/12. 1831, endlich das preußische Gesetz vom 12/5. 1851.

Das belgische Haftungssystem erhielt seine gesetzliche Basis in dem Art. 18, Abs. 2 der belgischen Verfassung vom 7/2. 1831: „Lorsque l'auteur est connu et domicilié en Belgique, l'éditeur, l'imprimeur ou le distributeur ne peut être poursuivi." [1]) Auf Grund der Verfassung bestimmte der Artikel des belgischen Gesetzes vom 20/7. 1831: „Dans tous les procès pour délits de la presse, le jury avant de s'occuper de la question de savoir si l'écrit incriminé renferme un délit, décidera si la personne présentée comme auteur du délit l'est réellement. L'imprimeur poursuivi sera toujours maintenu en cause jusqu'à ce que l'auteur ait été judiciairement reconnu tel." [2])

Das belgische Haftungssystem ist unter dem Drucke der Ereignisse politischer Natur als Reaktion gegen die tendenziösen Preßprozesse, unter dem Justizminister van Maanen in der letzten Zeit der niederländischen Herrschaft, ferner unter dem Einfluß des Directorialgesetzes von 1796 (Art. 8)[3]) und eines französischen Gesetzentwurfes vom Jahre 1817[4]) entstanden. Es stützt sich im bewußten Gegensatz zu dem Prinzip der „poursuite simultanée" für alle an einer veröffentlichten Schrift Mitwirkenden, welches das chikanöse Verfolgungssystem van Maanens charak-

1) J. J. Thonissen, Constitution Belge annotée, p. 71.

2) Auguste Paccaud, Du régime de la Presse en Europe et aux Etats-Unis, p. 146.

3) S. oben S. 95f.

4) Der französische Gesetzentwurf von 1817 bestimmte: Art. 1: L'auteur, connu et domicilié en France, d'un écrit imprimé, est seulement responsable de son contenu. Art. 3: L'éditeur d'un ouvrage, dont l'auteur . . . n'est pas connu, ou n'est pas domicilié en France, en est responsable. Art. 4: L'imprimeur n'est responsable que lorsque l'auteur ou l'éditeur ne sont pas connus. (H. Schuermanns op. cit. T. Ière S. 42.) Der Grundgedanke des Haftungssystems, welcher sich in diesem Gesetz von 1817 ausgeprägt hat, findet sich schon bei Adolf D. Weber, Über Injurien und Schmähschriften. 3. Abteilung, S. 78 und besonders S. 125, klar ausgedrückt. Von Weber beeinflußt war der Vortrag, welchen v. Berg in der Sitzung vom 12/10. 1818 in der Bundestagsversammlung über die Preßfreiheit hielt (vgl. J. A. Collmann; Quellen, Materialien und Kommentar des gemeinen deutschen Preßrechts. S. 175f.).

terisierte, auf zwei Axiome: „la loi ne veut qu'une victime" und zweitens: „la recherche de la complicité est interdite" [1]).

Die Theorie und Praxis hat diese Axiome zu dem System entwickelt, welches C. de Brouckere „d'une manière très pittoresque" mit dem berühmt gewordenen Schlagwort: „Responsabilité par cascades" bezeichnet hat [2]). Die Preßverantwortlichkeit verläuft, diesem System gemäß, in der Weise, daß die Verantwortlichkeit erst den Verbreiter trifft, falls aber dieser in der Lage ist, den Drucker namhaft zu machen, so fällt sie herab auf diesen, dasselbe Spiel setzt sich der Reihe nach für den Verleger und Verfasser fort; ist der Drucker seinerseits imstande, den Herausgeber zu nennen, so fällt die Verantwortlichkeit auf diesen, und wenn der Verleger in der Lage ist, den Verfasser zu bezeichnen, so fällt endlich die Verantwortlichkeit definitiv und ausschließlich auf den Verfasser selbst. Weil nun Verfasser, Verleger, Drucker und Verbreiter nur sukzessive, in einer bestimmten Reihenfolge haftbar gemacht werden, und zwar dergestalt, daß für jeden von ihnen die Nennung des Vormannes befreiend wirkt, heißt dieses System noch „responsabilité successive et isolée."

Das belgische Haftungssystem ist vom prozessualen Standpunkte aus, der eine rasche Fixierung der Verantwortlichkeit auf eine Person verlangt, sehr bequem, vom Standpunkte der Kausal- und Schuldfrage aus, der für jeden zurechenbaren Erfolg eine Verursachung und ein Verschulden als Grundvoraussetzung fordert, ist es aber ein monströser Strafmechanismus; es straft aus der Reihe der vier Beteiligten irgend einen an Stelle des nicht erreichbaren Hauptschuldigen, es negiert in seiner Grundtendenz die Schuld der an dem Preßdelikt beteiligten Personen, da die Benennung des Vormannes nur einen Straf-, keinen Schuldausschließungsgrund bedeutet, und betrachtet den Ver-

---

[1]) „On a dit: (wie Devaux es zuerst formulierte) Il se peut qu'un imprimeur soit complice d'intention; mais n'a-t-on pas assez d'une victime?" (zitiert bei J. J. Haus, Principes généraux du droit pénal belge. T. I. p. 290). „Admettre la complicité", sprach de Brouckere im Nationalkongreß v. 1831, „c'est en d'autres termes établir la censure des imprimeurs, comme cent fois plus nuisible à la liberté que celle du Pouvoir." (J. J. Haus, op. cit. T. I. p. 290.)

[2]) Schuermanns, T. 2, p. 234.

fasser als denjenigen, der immer haften muß; es präsumiert Schuld, wenn jemand seinen Vormann nicht nennt, obwohl letzterer der Schuldige sein kann; es präsumiert ferner willkürlich eine größere Wahrscheinlichkeit für die Schuld der dem Verfasser zunächst stehenden Person; es fingiert, daß der wirkliche Schuldige, wenn er den Vormann genannt hat, schuldlos ist; ebenso fingiert es die Schuld des namhaft Gemachten. Das belgische Haftungssystem ist endlich auch vom rein ethischen Standpunkt aus zu verwerfen, indem es, wie schon C. Stooß hervorgehoben hat, dem Prinzip der Denunziation huldigt[1]).

Die Haftung des französischen Geranten ist in das badische Gesetz vom 28/12. 1831 auf den „verantwortlichen Redakteur" übertragen, jedoch mit einigen Modifikationen. Das deutsche Gesetz hat im Gegensatze zu dem französischen Gesetze von 1828 zunächst auf die Beteiligung des verantwortlichen Redakteurs an dem Zeitungsunternehmen verzichtet, dann hat das badische Gesetz das Haftungsprinzip des französischen Gesetzes durch die negativen Bestimmungen des § 27 („. . . für den Inhalt der Zeitungen haftet jedenfalls der verantwortliche Redakteur, insofern er seine Schuldlosigkeit nicht dartut") zu verbessern versucht, indem es beim Nachweis der Schuldlosigkeit den verantwortlichen Redakteur, im Gegensatz zu der Bestrafung des Geranten selbst bei erwiesener Schuldlosigkeit, straffrei läßt[2]). Zum Unterschied von der solidarischen Kumulativhaftung des französischen, und von der sukzessiven subsidiären Haftbarkeit des belgischen Systems wendet nun das preußische Gesetz vom 12. Mai 1851 die allgemeinen Strafrechtsgrundsätze auch auf den Redakteur an, er wird nämlich (nach § 34) nur dann als Täter bestraft, wenn er es wirklich ist. Läßt sich die Täterschaft des verantwortlichen Redakteurs nicht nachweisen, so wird er (nach § 37) wegen Nichthinderung des Delikts bestraft, und zwar ohne Rücksicht darauf, ob ihm eine

---

[1]) Carl Stooß, Preßdelikt und Preßfreiheit, „Zeitschrift für Schweizer Strafrecht" Jahrg. 8, S. 80; derselbe, Die Grundzüge des Schweizer Strafrechts. Bd. I, S. 212.

[2]) In den §§ 25, 26, 28 des badischen Gesetzes hat das belgische Verantwortlichkeitssystem Eingang gefunden.

Fahrlässigkeit zur Last fällt oder nicht[1]). Die Bezeichnung dieses Systems in der Literatur als das der Fahrlässigkeitsstrafe ist aus diesem Grunde als inkorrekt zu bezeichnen.

Das preußische Preßgesetz von 1851 bildet den Abschluß des bisher geschilderten Entwicklungsganges, betr. die besondere Regelung der Preßverantwortlichkeit; die in dieser Entwicklung hervortretenden Haftungsprinzipien: Haftung nach den allgemeinen Grundsätzen des Strafrechts (englisches Preßrecht), Haftung für fremdes Delikt (französisches Gerantenrecht), sukzessive und ausschließliche Verantwortlichkeit (belgisches Haftungssystem) und ferner sog. Fahrlässigkeitstrafe (preußisches Gesetz von 1851) haben in reiner oder modifizierter Form die spätere Preßgesetzgebung beherrscht[2]).

---

[1]) Vgl. L. Hartmann, op. cit. S. 175, 217 f.

[2]) So ist der Gérant des französischen Preßgesetzes von 1828 in das italienische Gesetz vom 26. März 1848 als „gerente responsabile" (Art. 35, 47) und in das geltende französische Preßgesetz vom 29. Juli 1881 (Art. 6, 7, 44, 45) aufgenommen, mit dem wesentlichen Unterschiede: das italienische und französische Preßrecht fordern von dem Gerant keine der besonderen Qualitäten, die das Gesetz von 1828 verlangte, sie fordern von dem Gerant nichts anderes als Großjährigkeit, Genuß der bürgerlichen Ehrenrechte, das französische Gesetz dazu noch, daß der Gerant seinen Namen schreiben (resp. unterzeichnen) können muß. Die italienische und französische preßrechtliche Literatur hat diese legislative Neuerung, durch die das Institut des Sitzredakteurs rechtlich sanktioniert ist, folgendermaßen beurteilt: dies Institut, meint A. Bonasi (Sulla Legge della Stampa. p. 96, 125) ist eine „assurda fizione", „una vera monstruosita giuridica e morale" (s. auch die italienische Rechtsprechung bei C. L. Gasca, Diritti e Doveri della Stampa. p. 367); der Gerant des Gesetzes von 1881, sagt Fabreguettes, (I, 146) ist „un véritable bouc émissaire", „un procureur de prison", die französische Literatur ist in dieser Hinsicht reich an Ausdrücken, man nennt ihn „gérant de paille", „une pure fiction légale" oder gar „un mensonge juridique" (R. Gouge, De la responsabilité en matière de presse. p. 203). Von großer Wirkung war das belgische Haftungssystem, es war das Vorbild vieler deutscher Partikulargesetze über die Presse (vgl. F. Oetker, Die strafrechtliche Haftung des verantwortlichen Redakteurs, S. 51), des § 13 des ungarischen Preßgesetzes von 1848, (Baumgarten, Zeitschrift für die ges. Strafrechtswissenschaft, V. (1885), S. 497), der meisten schweizerischen Preßgesetze (vgl. C. Stooß, Die schweizerischen Strafgesetzbücher, S. 843. — C. Stooß, Grundzüge des schw. StrR. Bd. I S. 207), des spanischen Gesetzes vom 17/7. 1876 Art. 11 bis 14, des portugiesischen G. v. 1832 Art. 19, der bulgarischen Verfassung v. 16/4. 1879, Kap. XII, Sekt. 8, Art. 79, des dänischen Gesetzes

Es bleibt nun noch übrig, im Anschluß an diese historische Entwicklung des Preßverantwortlichkeitssystems auf die Prinzipien hinzuweisen, auf die man ein wirksameres Preßverantwortlichkeitssystem aufbauen könnte. In erster Linie wird hierbei auf das mit dem Preßwesen im Einklang stehende richtige Prinzip der französischen Preßgesetzgebung von 1800, 1819 und 1828 zurückzugreifen sein; von dem Zeitungsunternehmer müßte einmal erfordert werden, daß er auf jeder Zeitungsnummer benannt wird, ferner, daß er einen oder mehrere verantwortliche Redakteure bestelle[1]). Diese vom Gesetz

vom 3. Januar 1881, § 3, des norwegischen StGB. v. 20/4. 1842 und G. v. 29. Juni 1889, § 8, des brasilianischen Gesetzes v. 20/9. 1830, Art. 7 (vgl. P. Fabreguettes, op. cit. T. 2, p. 427—533, welcher einige aus der Zeitschrift „Annuaire de législation étrangère" entnommenen Gesetzestexte wiedergibt. — A. Paccaud, Du régime de la presse. — V. Pappafava, Die moderne Preßgesetzgebung. Diese Schrift enthält reiche Materialien an europäischen und außereuropäischen Preßgesetzestexten). Das deutsche Reichspreßgesetz v. 7/5. 1874 hat von dem badischen Preßgesetz v. 1831 den Begriff des verantwortlichen Redakteurs (§ 2) aufgenommen, und in § 21 das belgische Haftungsprinzip und die Fahrlässigkeitshaftung von dem preußischen G. v. 1851 rezipiert, außerdem hat der § 20[1] die vorsätzliche Begehung eines Preßdelikts seitens des verantwortlichen Redakteurs unter Strafe gestellt. Die Interpretation dieser Gesetzesbestimmungen ist jedoch kontrovers; es handelt sich um zwei Fragen: wer ist der verantwortliche Redakteur? und worin besteht das Wesen seiner durch das Gesetz v. 1874 normierten strafrechtlichen Haftung? Hier müssen diese Fragen unerörtert bleiben, die folgenden Fußnoten dieser Abhandlung werden auf die wichtigste monographische Literatur hinweisen.

Die in den vorerwähnten Preßgesetzen durchgeführte Kombination verschiedener Haftungsprinzipien läßt sich vom logischen Gesichtspunkte nach Glaser (op. cit. S. 364) auf folgende Systeme zurückführen: a) das System der gleichzeitigen und gleichartigen, b) das der sukzessiven und gleichartigen, c) das der gleichzeitigen und ungleichartigen, endlich d) das der sukzessiven und ungleichartigen Haftung.

[1]) Die erste kontroverse Frage in der deutschen preßrechtlichen Literatur und Rechtsprechung ist die: wer ist nach dem RPG. der verantwortliche Redakteur? Es sind vier Meinungen vertreten, nämlich: 1. verantwortlicher Redakteur ist, wer als solcher auf der einzelnen Nummer angegeben ist (v. Schwarze-Appelius, op. cit. S. 54. — Loening, op. cit. S. 9, ebenso RGE., Bd. 21, S. 23, Bd. 27, S. 246, Bd. 34, S. 187); 2. Redakteur ist, wer tatsächlich in bezug auf die einzelnen Nummern die Redaktionstätigkeit ausübt (Honigmann, op. cit. S. 116f. — H. Appelius, Der Begriff des verantwortlichen Redakteurs und die Praxis. — RGE. v. 24/6. 1890, Bd. 21, S. 27); 3. verantwortlicher Redakteur ist, wer auf den einzelnen Nummern

geschaffene privatrechtliche Beziehung zwischen dem Unternehmer und Redakteur würde — im Geiste des französischen Gesetzes von 1828 — ein publizistisches Obligationsverhältnis bedeuten. Der verantwortliche Redakteur müßte sich alsdann dem Staate gegenüber verpflichten, die Rolle des Zensors des Blattes zu übernehmen, d. h. den Inhalt der Zeitung in krimineller Beziehung tatsächlich zu prüfen, und sich auf jeder Zeitungsnummer zu benennen.

Die Bestrafung der Täterschaft sollte nun weder eine Präsumption, noch gar eine Fiktion der Schuld bilden, sondern vielmehr nach den allgemeinen Strafgrundsätzen erfolgen. Sie entspringt der Eigenart des Preßdelikts einerseits, dem Zensoramte des verantwortlichen Redakteurs, den Inhalt der Druckschrift auf seine Haftbarkeit hin zu prüfen, andererseits. Er wird bestraft als kausal für den Erfolg, wenn er schuldhaft die Veröffentlichung eines strafbaren Inhalts aktiv verfügte, oder wenn er vorsätzlich oder fahrlässig denselben passiv nicht hinderte. Der Bestrafung liegt die Pflichtwidrigkeit des verantwortlichen Redakteurs zugrunde, welcher den Inhalt des Blattes zu überwachen hat und Delikte verhindern soll, gleichviel ob der verantwortliche Redakteur das Delikt schuldhaft selbst begeht oder andere begehen läßt. Die Strafe entspricht in diesem Falle einer schuldhaften Verursachung der Veröffentlichung einer Druckschrift strafbaren Inhalts, einer einen rechtswidrigen Erfolg verursachenden Willensbetätigung des verantwortlichen Redakteurs[1]. Der Verfasser ist

benannt und außerdem auch wirklicher Redakteur ist (v. Liszt, RPR. § 11, v. Liszt, Art. „Redakteur" in Holtzendorffs Rechtslexikon S. 309); 4. verantwortlicher Redakteur ist, wer vom Eigentümer des Blattes mit der Oberaufsicht über das Blatt in strafrechtlicher Beziehung betraut ist (v. Bülow, Zeitschrift f. d. g. StrRW. Bd. XIV, Heft 5/6 S. 666f. — v. Bülow in Goltdammers Archiv für Strafrecht Bd. 40 S. 240f. — W. Brenske, Wer ist verantwortlicher Redakteur? Ebenso der 2. Strafsenat RGE. Bd. 36, S. 215).

[1]) Ebenso wie, oder besser eben deshalb, weil über den Begriff des verantwortlichen Redakteurs die Meinungen geteilt sind, gehen die Ansichten auch über seine strafrechtliche Haftung (§ 20 und § 21 des RPG.) weit auseinander. Was zunächst § 20 anbetrifft, sind besonders 1. die materielle Theorie v. Schwarzes, op. cit., S. 141, 2. die Beweis-Präsumptionstheorie (v. Liszt, RPR. S. 173f.), 3. die Zweitäterschafts-Deliktsgarantie-Theorie (Oetker, Die strafr.

als solcher allein niemals als Täter der Preßvergehen anzusehen, weil er nicht selbst die Handlung des Preßvergehens vornimmt[1]), er erscheint — wie die übrigen bei der Herstellung und Verbreitung eines Preßerzeugnisses beteiligten Personen, je nach ihrem Verschulden[2]) — als Teilnehmer.

Der Zeitungsunternehmer sollte gleichzeitig solidarisch mit dem verantwortlichen Redakteur, je nach der Schwere des

---

Haftung d. verantw. Red. — Oetker, Die Verantwortlichkeit des Zeitungsredakteurs „Preußische Jahrbücher" Bd. 76, Heft 3, S. 385) zu erwähnen. — Über § 21 sind drei Theorien in Streit geraten: 1. die v. Lisztsche Theorie der kulposen Täterschaft (RPR., § 57 Lehrbuch des deutschen Strafrechts, 14. und 15. Aufl., Berlin 1905, S. 188, ebenso RGE., Bd. 23, S. 155. — Honigmann, S. 108. — v. Buri, Die Verantwortlichkeit des Redakteurs nach den §§ 20, 21 des PG. (Zeitschrift für die g. StRW. Bd. XVI, Heft 1, S. 48), 2. die Theorie des preßrechtlichen Spezialdelikts (v. Schwarze-Appelius, S. 174). — Loening, S. 273), 3. die Kloeppelsche Theorie der Polizeistrafe (Kloeppel, op. cit. S. 384). Über diese eben erwähnten Theorien und über die schwankende Reichsgerichtspraxis vgl. auch die folgenden, noch nicht zitierten Monographien: J. Jörg, Wesen der preßrechtlichen Fahrlässigkeit nach § 21 des RPG. (vertritt Oetkers Theorie). — L. Münter, Begründet die Fahrlässigkeit eines Redakteurs bei Aufnahme eines Artikels mit strafbarem Inhalt den Tatbestand eines selbständigen Preßvergehens? — O. Jonas, Die strafrechtliche Haftung des verantwortlichen Redakteurs. — E. Grüttefien, Die Täterschaft des verantwortlichen Redakteurs. — F. Wahl, Die strafrechtliche Haftung des verantwortlichen Redakteurs nach § 21 d. RPG. — K. Liebich, Der verantwortliche Redakteur und seine Haftung nach § 20 des Reichspreßgesetzes. — Neuerdings O. Gaze, Die strafrechtliche Haftung für Preßdelikte.

[1]) In dieser Richtung bewegt sich auch die französische Rechtsprechung, ganz klar ist dies in der Entscheidung des „Cours d'appel de Rouen" vom 4/3. 1897 zum Ausdruck gekommen: Est non recevable l'appel dirigé contre l'auteur d'une lettre diffamatoire, si le gérant du journal où elle a été publiée n'est pas compris dans la poursuite. Et il en est aussi, alors même que le gérant a été primitivement poursuivi, si la partie civile s'est désistée vis-à-vis de lui avant le jugement de première instance. „Journal des Parquets". T. 9ème (1894) p. 30.

[2]) Über die begriffliche Voraussetzung der Teilnehmerschaft dieser Personen bei dem Preßvergehen vgl. die glänzenden Ausführungen von B. Constant, Questions sur la législation actuelle de la Presse en France et sur la doctrine du ministère Public relativement à la soisie des écrits et à la Responsabilité des auteurs et imprimeurs (1817). — B. Constant, Sur la responsabilité imposée aux imprimeurs, p. 44; siehe auch Österlein, Die Ausdehnung des Preßvergehens auf die technischen Arbeiter.

Delikts und Größe des Unternehmungskapitals, nach den Grundsätzen des bürgerlichen Gesetzbuches ersatzpflichtig sein.

Ein solches System würde, indem es gleichzeitig die gewerbliche und literarische Aufgabe des eine Kollektiveinheit[1]) bildenden Preßunternehmens ins Auge faßt, dem in der Geschichte des Preßrechts wenig berücksichtigten Fundamentalsatz unseres Rechtslebens, daß keine Strafe ohne Schuld verhängt werden kann, gerecht werden, da es für die subjektive Bestrafung des verantwortlichen Redakteurs ein wirkliches Verschulden fordert, während es für den Zeitungsunternehmer, der einen bestimmenden Einfluß auf die Zeitung ausübt oder ausüben kann, eine objektive privatrechtliche Ersatzpflicht für den durch das Preßdelikt verursachten Schaden begründet[2]).

IV. Preßrechtspolitik.

Das legale Preßfreiheitsrecht und das durch die Preßgesetze bedingte objektive Preßrecht sind Korrelativbegriffe; beide sind subjektiv-öffentliche Rechte, als wechselseitige Rechte und Pflichten der Einzel- und Staatspersönlichkeit. Dieser Auffassung gegenüber steht diejenige, welche das Preßdelikt negiert und eine unbeschränkte, unverantwortliche Preßfreiheit proklamiert. Dieser letzte Gedanken hat in der Literatur einen beredten Verteidiger in dem holländischen Schriftsteller Buyn[3]) gefunden. Seine Ausführungen kulminieren in der Behauptung, daß der Begriff des Preßdelikts in dem der Anstiftung sich auflöst, weil — so meint er — der Gedanke keine Handlung ist,

---

[1]) Vgl. S. 29 f. dieser Arbeit.

[2]) Über die von dem strafrechtlichen subjektiven Verschulden unabhängige sogenannte sachliche, objektive Haftung aus Preßdelikten, vgl. eingehende Ausführungen de lege ferenda bei v. Liszt, Lehrbuch des österreichischen Preßrechts, S. 389, siehe auch Glaser, Ges. kl. Schriften, I. Teil, S. 360. — W. E. Wahlberg, Zur Revision des Preßstrafrechts in Österreich, S. 170. — Carl Stooß, Das Verhältnis der civilrechtlichen Haftbarkeit nach Art. 50ff. des Schweizerischen Obligationenrechts zum kantonalen Strafrecht, insbesondere bei Preßdelikten. — Neuerdings Otto Friedmann, Vorschläge zur Umgestaltung des österreichischen Preßrechts S. 4, 19.

[3]) La liberté de la parole. Über die absolute Preßfreiheit, vgl. oben S. 46.

und die Wirkungen des strafbaren Gedankens nicht sinnlich faßbar, wahrnehmbar seien[1]). Dieser „mehr oder minder geistreichen Improvisation“[2]) liegt offenbar eine ganz unklare Auffassung des Preßdelikts zugrunde, denn das entscheidende Tatbestandsmoment des Preßdelikts ist, wie bereits wiederholt hervorgehoben, nicht der strafbare Gedanke als solcher[3]), wie auch nicht dessen Äußerung, sondern lediglich die „Publikation“ dieses Gedankens durch die Presse. Der publizierte strafbare Gedanke kann aber unmittelbar ein bestimmtes äußeres Verhalten bewirken, indem er bestimmte konkrete, auf ein Handeln gerichtete Entschlüsse herbeiführt, eine Tatsache, welche dem Staate nicht gleichgültig sein darf; es sei nur auf den vielfach erwiesenen Einfluß der Gerichtschronik der Presse auf die Kriminalität, insbesondere auf die der Jugendlichen hingewiesen. Man hat die Presse in dieser Hinsicht — nach der Analogie der bekannten Bezeichnung des Gefängnisses als einer Hochschule des Verbrechens — eine Elementarschule des Verbrechens genannt[4]). Die Presse mit ihren breiten und ausführlichen Berichterstattungen und Illustrationen über die verbrecherischen Taten und das Vorleben der Täter erweckt in prädisponierten Naturen die Neigung zu verbrecherischen Taten, belehrt die gewohnheitsmäßigen Verbrecher über neue Mittel, übt eine suggestive Macht auf die Phantasie und Eitelkeit der Jugendlichen aus, die einmal etwas über sich in den Zeitungen zu lesen wünschen[5]). Die

---

1) Ähnlich E. de Girardin (vgl. Maurice Block, Dictionnaire Général de la Politique. Art. „Presse“. Bd. II S. 640 und H. Celliez et L. Senne, Lois de 1881 sur la Presse, p. 3), der in einer mehr naiven als geistreichen Weise zu demselben Resultat gelangte; seine Argumentation bestand darin: eine Zeitung kann Irrtümer, Übertreibungen, aber nie Verbrechen und Vergehen begehen, sie ist wie ein moralisches Mikroskop, die unsichtbare Mikroben entdeckt und sichtbar macht, aber nicht schafft; so kann eine Zeitung ein Individuum Mörder nennen, ohne ihn in der Tat, wenn er keinen Mord begangen hat, zum Mörder zu machen.

2) Ad. Merkel, Ges. Abhandlungen, Bd. I, S. 325.

3) Nemo cogitationis poenam patitur.

4) P. Aubry, Influence de la Presse sur la criminalité, p. 30. — Otto Grund, Die Schäden in der Berichterstattung der Presse über Gerichtsverhandlungen.

5) C. L. Ferriani, Minderjährige Verbrecher, p. 106. — Louis Proal, Le crime et le suicide passionel, p. 313. — Paul Moreau, De l'homicide commis par

Gesetzgebung hat sich vielfach veranlaßt gesehen, diesen Mißständen in der Presse abzuhelfen. So verbieten die amerikanischen Gesetze Massachusetts den Verkauf oder das Verleihen, die Verteilung oder das Schenken von über neue Verbrechen berichtenden Zeitungen an Kinder[1]); ebenso bestraft das Gesetz vom 22/4. 1899 des amerikanischen Staates Illinois mit einer Geldstrafe von 100 Dollars oder mit Gefängnis von 30—40 Tagen diejenigen, welche öffentlich die Photographien der Verbrecher verbreiten[2]).

Wenn die Ansicht Buyns über die Negation des Preßdelikts vom positiv-rechtlichen Standpunkte aus irrtümlich ist, so ist sie vom Standpunkte eines höher entwickelten Verantwortlichkeitsgefühls für das Gut der Preßfreiheit berechtigt.

Zwei Umstände könnten dazu führen. Erstens das volle Bewußtsein der Redakteure von der Größe ihrer Aufgabe, — dazu kann eine besondere gründliche journalistische, alle Angelegenheiten des Preßwesens umfassende Fachbildung viel beitragen; Lehrkurse für die Journalisten sind schon in Lille, Chicago, Philadelphia, Columbia, Paris, Heidelberg, Bern und Zürich eingerichtet worden[3]); die Journalistik muß eine Universitätsdisziplin werden, weil sie ein Beruf werden soll[4]). Zweitens

---

les enfants, p. 80. — J. Cuénoud, La criminalité à Génève au XIXème siècle, d. 93. — A. Fouillée, Les jeunes criminels, l'école et la presse, p. 434. — A. Fouillée, Quelques réflexions sur la criminalité et le socialisme, p. 550.

[1]) Aubry, op. cit., p. 32.

[2]) Annuaire de Législation Etrangère. 29ème Année, p. 691.

[3]) Der erste, der schon 1884 an einer deutschsprachigen Hochschule über Zeitungswesen (Geschichte, Organisation und Statistik) gelesen hat, war Karl Bücher in Basel (vgl. Verzeichnis der Vorlesungen an der Universität Basel. Sommersemester 1884, S. 8), Seit 1897 liest Koch in Heidelberg über Journalistik. Seit 1905 ist das Fach der Journalistik als Lehrfach von der Universität Zürich offiziell anerkannt worden, indem sie einem Redakteur einen Lehrauftrag über Geschichte, Recht und Technik der Presse erteilte. Vgl. auch H. Buhmann, Presse und Buchhandelswesen als Lehrfach an der Handelshochschule in Berlin.

[4]) Vgl. J. Kohler, „Ehre und Beleidigung" (Goltdammers Archiv, Bd. 47, S. 111). „Die Presse hat einen Beruf ebenso wie der Lehrer und der Anwalt." — v. Bar, Zur Lehre von den Beleidigungen mit besonderer Rücksicht auf die Presse, S. 61. — v. Marquardsen, Beteiligung der Presse an der Fortbildung

aber und vor allem handelt es sich um die allgemeine Ausbildung des Publikums, des Faktors des Preßdelikts, an den jede Preßgesetzgebung in erster Reihe denkt. Diese Ausbildung kann gefördert werden durch die Verbreitung allgemeiner und staatswissenschaftlicher Bildung und durch die Heranziehung der Staatsbürger zur Beteiligung an den staatlichen Einrichtungen, besonders an der Selbstverwaltung, an Abstimmungen und Wahlen. Eine solche Beteiligung führt zur selbständigen Prüfung der beobachteten Tatsachen, zur Übung des politischen Denkens, zur Selbständigkeit des Urteils, zur politischen Reife und zum staatsmännischen Takt. Die Staatsordnung wird dann durch keine mögliche Gedankenäußerung bedroht werden, weil die sozialpsychischen Voraussetzungen für die Wirkung eines Preßdelikts fehlen: man würde die geäußerten Narrheiten jeder Art verlachen und nicht als Evangelium betrachten, die Verleumdung nicht als Wahrheit ansehen, sondern verachten, und würde sie nach den Bestimmungen des Strafgesetzbuches bestrafen.

Erst in diesem Zustand, in dem das soziale und öffentlichrechtliche Verantwortlichkeitsbewußtsein an die Stelle der preßrechtlichen Regelung treten würde, könnte man mit Naquet sagen: en fait de presse la meilleure des lois est l'absence de loi[1]).

---

des Rechts, S. 510. — Chuchul, Rechtspflege und Presse, S. 161. — Hamm, Die Presse im Dienste der Rechtsentwicklung. Es handelt sich nicht um einen staatlichen Befähigungsnachweis, welchen der Journalist zu erbringen hätte, und der die Leistungsfähigkeit eines Journalisten feststellen lassen würde, ebensowenig wie die staatlichen Examina für den Beruf des Arztes oder Juristen mehr als eine präsumptio für seine Leistungsfähigkeit sein können, es handelt sich vielmehr um ein gewisses Quantum von systematisch erlernten Kenntnissen, um eine spezifische Methode des Denkens, die man von dem Journalisten, von diesem „Bildner des Volkes", wie von dem Juristen und Arzt berechtigt ist zu verlangen. Vgl. die wertvollen Äußerungen von Poincaré, Jaurès, Clemenceau, Zola, Monod über die gegenwärtige Lage der französischen Presse in „Revue Bleu" — Enquête sur les responsabilités de la Presse contemporaine. Jahrg. 34, 35.

[1]) Vgl. die erste Debatte über den Preßgesetzentwurf v. 1881 in der Sitzung vom 24/1. 1881 der französischen Deputiertenkammer. (Celliez-Le Senne, op. cit., p. 23.)

V. Anhang.

Die französische Preßgesetzgebung von 1789—1881 bietet, neben den preßrechtlich prinzipiell wichtigen Gesetzen von 1819 und 1828, ein lehrreiches Bild prinzipienloser Gelegenheitsgesetzgebung. Sie wechselt mit jeder großen politischen Umwälzung Frankreichs: der ersten Revolution, dem ersten Kaiserreich, der Restauration, dem Juli-Königtum, der zweiten Republik, der Zeit Napoleons III., endlich mit der dritten Republik (Preßgesetz von 1881) und bringt fast alljährlich neue Gesetze und Verordnungen (vgl. S. 23 dieser Abhandlung). Die Titel dieser Gesetze und Verordnungen seien hier als Anhang wiedergegeben. Ihre Texte gibt J. B. Duvergier, Collection complète des Lois, Décrets, Ordonnances, Réglements, Avis du conseil d'état (de 1788 à 1830 inclusivement, continuée depuis 1830), 2e édit. Bis 1881, 81 Bde. Paris.

1. Von 1789 (erste positiv-rechtliche Formulierung der Preßfreiheit) bis 1819 (erstes grundlegendes Preßgesetz).

26 août 1789. — Déclaration des Droits de l'homme et du citoyen (art. 11).

31 juillet 1790. — Décret concernant les écrits excitant le peuple à l'insurrection.

2—10 août 1790. — Décret relatif aux écrits sur les affaires publiques.

16—24 août 1790. — Décret qui attribue au juge de paix la connaissance des actions pour injures verbales.

18 juillet 1791. — Décret portant que toutes personnes qui auront provoqué le meurtre, le pillage, l'incendie ou la désobéissance à la loi par des placards, affiches ou écrits publiés ou colportés seront poursuivies comme séditieuses et perturbatrices de la paix publique.

22—28 juillet 1791. — Décret qui règle la couleur des affiches.

3—14 septembre 1791. — Constitution française (art. 11 et 17).

20 et 21 juillet 1792. — Décret qui ordonne de poursuivre les libellistes.

18—21 août 1792. — Décret relatif aux libelles inciviques et autres écrits tendant à égarer l'opinion publique.

9—14 mars 1793. — Décret qui ordonne aux membres de la Convention qui rédigent des journaux d'opter entre les fonctions de député et celles de rédacteur de journal.

29—31 mars 1793. — Décrets relatifs: 1. aux écrits tendant à provoquer le meurtre et la violation des propriétés: 2. aux auteurs, imprimeurs et colporteurs d'ouvrages tendants à la dissolution de la Convention, au rétablissement de la royauté ou de tout autre pouvoir attentatoire à la souveraineté du peuple.

29 mai, 8 juin 1793. — Déclaration des Droits de l'homme (art. 6 et 7).

24 juin 1793. — Acte constitutionnel (art. 7).

5 fructidor an III (22 août 1795). — Constitution de la république française (art. 353 et 355).

27 germinal an IV (16 avril 1796). — Loi portant des peines contre toute espèce de provocation à la dissolution du gouvernement républicain.

28 germinal an IV (17 avril 1796). — Loi contenant des mesures répressives des délits qui peuvent être commis par la voie de la presse.

5 nivose an V (25 décembre 1796). — Loi portant défense d'annoncer publiquement les journaux autrement que par leurs titres.

19 fructidor an V (5 septembre 1797). — Loi mettant les journaux sous l'inspection de la police, qui peut les prohiber, aux termes de l'art. 355 de la constitution de l'an III.

9 vendémiaire an VI (30 septembre 1797). — Loi de finance qui assujettit les journaux a la formalité du timbre, excepté les ouvrages relatifs aux sciences et aux arts.

9 fructidor a VI (26 août 1798). — Loi qui proroge les dispositions de l'art. 35 de la loi du 19 fructidor an V.

27 nivose an VIII (17 janvier 1800). — Arrêté relatif aux journaux.

19 frimaire an X (10 décembre 1801). — Arrêté relatif à l'imprimerie du Gouvernement et à l'envoi des lois.

28 floréal an XII (18 mai 1804). — Sénatus-consulte organique (art. 64 et s.).

24 mars 1809. — Décret sur l'organisation de l'imprimerie impériale.

5 février 1810. — Décret réglementant l'imprimerie et la librairie.

18 nov. 1810. — Décret concernant les presses, fontes, caractères et autres ustensiles d'imprimerie, qui, à dater du 1er janvier 1811, se trouveront en la possession d'individus non brevetés.

14 décembre 1810. — Décret qui donne aux censeurs de l'imprimerie le titre de censeurs impériaux.

14 décembre 1810. — Décret qui autorise la publication de feuilles d'annonces et de journaux de littérature, sciences et arts, dans diverses villes.

2 février 1811. — Décret relatif aux brevets à délivrer aux imprimeurs.

11 février 1811. — Décret qui porte à 80 le nombre des imprimeurs de Paris fixé à 60 par le décret du 5 février 1810.

4—10 juin 1814. — Charte constitutionelle (art. 8).

21—23 octobre 1814. — Loi relative à la liberté de la presse.

24—25 octobre 1814. — Ordonnance du roi contenant les mesures relatives à l'impression, au dépôt et à la publication des ouvrages.

28 décembre 1814, 1er janvier 1815. — Ordonnance du roi relative à l'imprimerie royale.

22—23 avril 1815. — Acte additionnel aux constitutions de l'empire, qui abolit la censure, et qui décide que les délits de presse seront soumis aux jurés (art. 64).

8—22 août 1815. — Ordonnance qui assujéttit tous les journaux à une nouvelle autorisation du ministre de la police générale.

9—11 novembre 1815. — Loi relative à la répression des cris séditieux et des provocations à la revolte.

28 avril, 4 mai 1816. — Loi relative au timbre des journaux et aux affiches.
25—26 mars 1817. — Loi de finances relative au timbre.
28 février, 8 mars 1817. — Loi sur les journaux.
30 décembre 1817. — Loi sur les journaux.

2. Von 1819 bis 1828 (bahnbrechende Regelung der Preßverantwortlichkeit).

17—18 mai 1819. — Loi sur la répression des crimes et délits commis par la voie de la presse ou par tout autre moyen de publication.
26 mai 1819. — Loi relative à la poursuite et au jugement des crimes et délits commis par la voie de la presse ou par tout autre moyen de publication.
9—10 juin 1819. — Loi relative à la publication des journaux ou écrits périodiques.
9—10 juin 1819. — Ordonnance du roi concernant l'exécution de la loi relative à la publication des journaux ou écrits périodiques.
17 juillet 1819. — Loi de finances relative au timbre.
31 mars 1820. — Loi sur la publication des journaux et écrits périodiques.
1er avril 1820. — Ordonnance du roi concernant l'exécution de la loi du 21 mars 1820.
26—28 juillet 1821. — Loi relative à la censure des journaux.
17—18 mai 1821. — Loi relative à la police des journaux et écrits périodiques.
25 mars 1822. — Loi relative à la répression et à la poursuite des délits commis par la voie de la presse.
15—16 août 1824. — Ordonnance du roi qui remet en vigueur les lois des 31 mars 1820 et 26 juillet 1821 relatives aux journaux et écrits périodiques.
24 juin 1827. — Ordonnance qui remet en vigueur les lois des 31 mars 1820 et 26 juillet 1821.
24 juin 1827. — Ordonnance portant formation d'un bureau, au Ministère de l'Intérieur, chargé de l'examen préalable des journaux et écrits périodiques.

3. Von 1828 bis 1881 (geltendes Preßgesetz in Frankreich).

18—23 juillet 1828. — Loi sur les journaux et écrits périodiques.
29—30 juillet 1828. — Ordonnance du roi concernant l'exécution de la loi des 18—23 juillet 1828.
25 juillet 1830. — Ordonnance du roi qui suspend la liberté de la presse périodique et semi-périodique.
14—24 août 1830. — Charte constitutionnelle (art. 7 et 69).
8—10 octobre 1830. — Loi sur l'application du jury aux délits de presse.
29 novembre — 1er décembre 1830. Loi qui punit les attaques contre les droits et l'autorité du roi et des chambres par la voie de la presse.
10—11 décembre 1830. — Loi sur les afficheurs et les crieurs publics.
14—15 décembre 1830. — Loi sur le cautionnement, le droit de timbre et le port des journaux.

8—9 avril 1831. — Loi sur la procédure en matière de délits de presse, d'affichage.

8—9 avril 1831. — Loi sur le cautionnement.

16 février 1834. — Loi sur les crieurs publics.

9 septembre 1835. — Loi sur les crimes, délits et contraventions de la presse, et des autres moyens de publications.

18—21 novembre 1835. — Ordonnance du roi relative au cautionnement des journaux ou écrits périodiques.

29 février — 2 mars 1848. — Décret qui prohibe l'affiche et la distribution d'écrits sans nom d'imprimeur.

2—4 mars 1848. — Décret portant que l'impôt du timbre sur les journaux sera suspendu dix jours avant les élections.

4—6 mars 1848. — Décret qui supprime le timbre sur les écrits périodiques.

6—8 mars 1848. — Décret qui abroge les lois de sept. 1835 sur la presse.

22—29 mars 1848. — Décret relatif au jugement des délits commis par la voie de la presse contre les fonctionnaires ou contre tout citoyen revêtu d'un caractère public.

9—12 août 1848. — Décret relatif au cautionnement des journaux.

11—12 août 1848. — Décret relatif à la répression des crimes et délits commis par la voie de la presse.

4—10 novembre 1848. — Constitution de la république française (art. 8 et 83).

21—23 avril 1849. — Loi relative au cautionnement et aux afficheurs.

27—29 juillet 1849. — Loi sur la presse.

10—23 juillet 1850. — Loi sur le cautionnement.

31 juillet — 9 août 1850. — Décret relatif à la taxe postale des journaux.

31 décembre 1851 — 3 janvier 1852. — Décret qui défère aux tribinaux de police correctionnelle la connaissance de tous les délits prévus par les lois sur la presse et commis au moyen de la parole.

17—23 février 1852. — Décret organique sur la presse.

1—20 mars 1852. — Décret relatif au timbre des journaux.

22 mars — 2 avril 1852. — Décrets sur l'exercice de la profession d'imprimeur, et sur la délivrance des brevets d'imprimeur.

8—16 janvier 1852. — Loi qui soumet les affiches peintes à un droit d'affichage.

25—31 août 1852. — Décret portant règlement sur l'affichage.

12—23 juillet 1856. — Décret relatif à l'échange des journaux.

18—20 juillet 1858. — Décret qui supprime „la Revue de Paris“ et le journal „le Spectateur“.

29 janvier — 26 mars 1860. — Décret qui supprime le journal „l'Univers“.

15 février — 26 mars 1860. — Décret qui supprime le journal „La Bretagne“.

15—26 mars 1860. — „L'Algérie nouvelle“.

20 octobre — 8 novembre 1860. — „La Gazette de Lyon“.

2—9 juillet 1861. — Loi qui modifie l'art. 32 du décret, loi du 17 février 1852.

13 mai — 1er juin 1863. — Loi portant modification de plusieurs dispositions du code pénal notamment des art. 222, 223, 224, et 225 relatifs aux

outrages et violences envers les dépositaires de l'autorité et de la force publique.

20 mai — 1er juin 1863. — Loi sur l'instruction des flagrants délits en matière de presse.

8—23 juin 1865. — Décret portant que les avertissements donnés jusqu'à ce jour aux feuilles périodiques de Paris et des départements sont considérés comme nuls et non avenus.

2—8 août 1866. — Décret qui supprime le journal „Le courrier du dimanche".

11 mai 1868. — Loi relative à la presse.

11 mai 1868. — Décrets concernants la taxe postale, et la publication de la loi du 11 mai 1868.

3—4 juin 1868. — Circulaire du ministre de l'intérieur et de la justice sur l'application de la loi du 11 mai 1868.

14 août 1869. — Décret d'amnistie.

4 septembre 1870. — Décret d'amnistie.

5—10 septembre 1870. — Décret abolissant l'impôt du timbre sur les journaux et autres publications.

10—14 septembre 1870. — Décret qui rend libres les professions de libraire et d'imprimeur.

10—12 octobre 1870. — Décret qui abolit le cautionnement des journaux.

27 octobre 1870. — Décret qui soumet au jury les délits politiques et les délits de presse.

12 octobre — 24 novembre 1870. — Décret relatif à la publication du Bulettin de la Republique française".

22—24 janv. 1871. — Décret qui supprime les journaux „Le Réveil" et „Le Combat".

15—22 avril 1871. — Loi relative aux poursuites en matière de délits de presse et sur la preuve en matière de diffamation contre les fonctionnaires publics.

6—11 juillet 1871. — Loi qui rétablit le cautionnement.

10—29 août 1871. — Loi relative aux conseils généraux (art. 31).

12—15 février 1872. — Loi qui abroge le par. 1 de l'art. 17 du décret du 17 fév. 1852, qui interdit de rendre compte des proces pour délits de presse.

29 déc. 1875 — 3 janvier 1870. — Loi sur la répression des délits de presse et sur la levée de l'état de siège.

9—10 mars 1878. — Loi relative au colportage des journaux.

2. avril 1878. — Loi d'amnistie.

30 juillet 1878. — Circulaire du ministre de l'intérieur relative au colportage.

28—30 déc. 1880. — Loi relative au „Journal Officiel".

29—30 juillet 1881. — Loi sur la liberté de la presse.

29—30 juillet 1881. — Loi d'amnistie.

9 novembre 1881. — Circulaire du ministre de la justice relative à l'application de la loi du 29—30 juillet 1881.

Literatur.

Aberer, P., Die Verjährung der durch Verbreitung von Druckschriften begangenen strafbaren Handlungen, Diss., Erlangen 1899.

Acta, Art. in „Dizionario epigrafico di antichità romane" di Ettero de Ruggiero, Roma 1886.

Andrieu, Jules, La censure et la police des livres en France sous l'ancien Régime. Une saisie de livres à Agen en 1775. Agen 1884.

Anschütz, G., Deutsches Staatsrecht, v. Holtzendorff-Kohler's Enzyklopädie, Bd. II. 1904. Leipzig-Berlin.

Appelius, H., Sprechsaal „Deutsche Juristenzeitung", Jahrg. 1896, S. 214.

Appelius, H., Der Begriff des verantwortlichen Redakteurs. „Zeitschrift für die gesamte Strafrechtswissenschaft", 1906/7, S. 657.

Aretin, J. Christ. Freiherr von, Über die frühesten universalhistorischen Folgen der Erfindung der Buchdruckkunst. (Eine Abhandlung, vorgelesen in einer öffentlichen Sitzung der Akademie der Wissenschaften in München), München 1808.

Arseniew, K. K., Die Gesetzgebung der Presse, St. Petersburg 1903 (russisch).

Aßmann, A., Die unbestellten Zusendungen, Berlin 1901.

Aubry, P., Influence de la Presse sur la criminalité. „Congrès international d'anthropologie criminelle de Génève" (1896), Compte Rendu, Génève 1907.

Avenel, Henri, Histoire de la Presse française, depuis 1789 jusqu'à nos jours, Paris 1900.

Bachem, K., Presse, Preßfreiheit und Preßgesetzgebung. Artikel im „Staatswörterbuch", hrsg. v. d. Görresgesellschaft, 1903, Bd. 4.

v. Bar, L., Geschichte des deutschen Strafrechts und der Strafrechtstheorien. Berlin 1863.

v. Bar, Zur Lehre von den Beleidigungen mit besonderer Rücksicht auf die Presse. „Gerichtssaal", Bd. 52, Heft 2/3, S. 61.

Barbier, G., Code expliqué de la Presse, Paris 1887.

Baumbach, S. K., Der Kolportagebuchhandel und seine Widersacher. Berlin 1894, „Volkswirtschaftliche Zeitfragen", Heft 118.

Baumgarten, J., Das System der preßrechtlichen Verantwortlichkeit. „Zeitschrift f. d. g. Strafrechtswissenschaft", Bd. V [1885].

Beckmann, Beiträge zur Geschichte der Erfindungen, Leipzig 1782.

Bernard, Aug., De l'origine et des débuts de l'imprimerie en Europe, Paris 1853 (2 vols).

Berner, A. F., Lehrbuch des deutschen Preßrechts, Leipzig 1876.

Betz, H., Neue chinesische Gesetzgebung. Preß- und Vereinsgesetz. „Blätter für vergleichende Rechts- und Volkswirtschaftslehre", IV. Jahrg. (1908), Heft 3.

v. Beust, Joachim Ernst, Der Versuch einer ausführlichen Erklärung des Postregales und was deme anhängig überhaupt und insbesondere in Ansehung des Heil. Röm. Reiches teutscher Nation, Jena, 1748.

Biedermann, Art. „Öffentliche Meinung" in Rottecks und Welkers Staatslexikon.

v. Biedermann, F., Preßfreiheit und Gewerbeordnung — Eine Studie zur modernen Gesetzgebung, Leipzig 1894.

Binding, K., Die Normen und ihre Übertretung, Leipzig 1872.

Bismarck, Gedanken und Erinnerungen, Stuttgart und Berlin 1905, Volksausgabe.

Blackstone, William, Commentares on the Laws of England, edit. Christians. London 1809, I—IV.

Blätter für die gesamten Sozialwissenschaften, hrsg. v. Beck, 1908, Märzheft.

Block, Maurice, Art. „Opinion Publique", in „Dictionnaire Général de la Politique", T. 2, Paris 1874, p, 423; Art. „Presse", ebenda p. 635.

Bluntschli, Politik, Berlin 1871.

Boistel, A., Cours de Philosophie du Droit, Paris 1899, 2 vols.

Bonasi, A., Sulla Legge della Stampa, Bologna, 1881.

Bourne, H. R. Fox, Life of Locke, London 1876.

Boutmy, E., Etudes de Droit constitutionnel, France-Angleterre-Etats-Unis Paris 1899.

Boutmy, E., Essai d'une Psychologie politique du Peuple anglais au XIX siècle, Paris 1901.

Boutmy, E., La déclaration des droits de l'homme et du citoyen et M. Jellinek, „Annales des sciences politiques", XVII (1902), p. 415.

Breitkopf, J. G. J., Über die Einführung des Leinenpapiers, Leipzig 1879.

Brenske, W., Wer ist verantwortlicher Redakteur? Diss., Rostock 1900.

Brockhaus, H. E., Die Firma F. A. Brockhaus von der Begründung bis zum 100 Jubiläum 1805—1905. Leipzig 1905.

Brunhuber, R., Das moderne Zeitungswesen, Leipzig 1907 (Sammlung Göschen, N. 320).

Bryce, James, The American Commonwealth, New York/London 1897, 2 vols.

Bücher, K., Der deutsche Buchhandel und die Wissenschaft, Leipzig 1903.

Bücher, K., Die Entstehung der Volkswirtschaft, Tübingen 1903.

Bücher, K., Das Zeitungswesen („Kultur der Gegenwart", Bd. I, S. 401).

Buchholz, A., Die Vossische Zeitung. Rückblicke auf drei Jahrh., Berlin 1904.

Buhmann, H. K. C., Presse und Buchhandelswesen als Lehrfach an der Handelshochschule in Berlin, „Deutsche Kultur", Jahrg. II, Heft 14, S. 101.

v. Bülow, Der verantwortliche Redakteur in seiner strafrechtlichen Haftung, „Goltdammers Archiv f. Strafrecht", Bd. 40, S. 240.

v. Bülow, Die strafrechtliche Haftung des verantwortlichen Redakteurs, „Zeitschr. f. d. g. Strafrechtswiss.", Bd. XIV, Heft 5/6, S. 656.

v. Buri, Die Verantwortlichkeit des Redakteurs nach den §§ 20, 21 des RPG. „Zeitschr. f. d. g. Strafrechtswiss.", Bd. XVI, Heft I, S. 48.

Buyn, La liberté de la parole, Amsterdam 1867.

Buys, J. J., De Jure cogitata communicandi, Diss., 1850.

Cahuet, Albert, La liberté du Théatre. Paris 1902.

v. Calker, Ethische Werte im Strafrecht, Berlin 1904.

v. Calker, Die Zeitung als ein Objekt der Beleidigung. „Deutsche Juristenzeitung", Jahrg. 7, Nr. 12.

Carpow, M. J., Vergleichung der Kunst in Erfindung des Schreibens und der Buchdruckerei, 1740.

Celliez, H., et L. Senne, Loi de 1881 sur la Presse, Paris 1882.

Chassan, Traité des délits et des contreventions de la parole, de l'écriture et de la presse, 1857.

de Chateaubriand, De la monarchie selon la charte, Paris 1816.

de Chateaubriand, Opinion sur le projet de loi relatif à la Police de la Presse, „Oeuvres" XXVII, p. 141 f.

de Chateaubriand, Discours prononcé à la chambre des Pairs dans la session de 1827 sur la loi des Postes. „Oeuvres", t. 7, p. 311.

Chaves, M., Historia y bibliografia de la prensa sevilliana, Sevilla 1896.

Christidi, P., Du régime de la Presse en France. Thèse. Génève 1895.

Chuchul, Rechtspflege und Presse. „Deutsche Juristenzeitung" XI. S. 161.

Le Clerc, J. V., Des Journaux chez les Romaines, recherches précédées d'un mémoire sur les annales des Pontifes, et suivis des fragments des journaux de l'ancienne Rome, Paris 1838.

Collmann, J. A., Quellen, Materialien und Kommentar des gemeinen deutschen Preßrechts, Berlin 1884.

Condorcet, Fragments sur la liberté de la Presse, 1776, „Oeuvres", édit. Condorcet O'Connor et Arago, Paris 1847.

Constant, Benjamin, Cours de Politique constitutionelle, éd. Laboulaye, Paris 1872.

Constant, Benjamin, De la Liberté des Anciens comparée à celle des modernes. Discours (1812). „Oeuvres", vol. II, p. 541 f.

Constant, Benjamin, Observations sur le discours prononcé par L. E. le ministre de l'Interieur, en faveur de Projet de loi sur la liberté de la Presse. 1814, „Oeuvres", vol. I, p. 482.

Constant, Benjamin, Sur la responsabilité imposée aux Imprimeurs (1827) „Oeuvres", vol. II, p. 44.

Constant, Benjamin, Questions sur la législation actuelle de la Presse en France et sur la doctrine du ministère Public relativement à la saisie des écrits, et à la responsabilité des auteurs et imprimeurs (1817), „Oeuvres" vol. I, p. 516 f.

Cooper, F. T., The Law of Defamation and verbal Injury, Edinburgh 1906, Second Edition.

Cox, Homersham, Die Staatseinrichtungen Englands, übers. v. Kühne, Berlin 1867.

Cox, Homersham, The Britisch Commonwealth on a Commentary on the Institutions and Principles of British Government, London 1854.

Cucheval-Clarigny, M., Histoire de la Presse en Angleterre et aux Etats-Unis, Paris 1857.

Cuénoud, J., La criminalité à Génève au XIXème siècle, Génève 1891.

Dalloz, M. D., Répertoire méthodique et alphabétique de Législation, de Doctrine et de Jurisprudence, Paris 1856, Art. „Affiche", T. 3, p. 365; T. 36, Art. „Presse-Outrage-Publication", p. 384—776.

Damme, F., Das Preßverbot der Veröffentlichung amtlicher Schriftstücke eines Strafprozesses. „Zeitschrift f. d. g. Strafrechtswiss.", 1902, S. 423.

Dareste, F. A., Les constitutions modernes, Paris, 2 vols, 1891.

Daru, le Comte, Notions statistiques sur la librairie pour servir à la discussion des lois sur la presse, Paris 1827.

Datz, P., Histoire de la Publicité, depuis les temps les plus reculés jusqu'à nos jours, Paris 1894.

Le livre du centenaire du Journal des Débats, 1789—1899, Paris 1889.

Delius, Das Reichsgesetz über die Presse, Hannover 1895.

Dicey, A. W., Lectures on the relation between Law and Public opinion in England during the 19 century, London 1905.

Diderot, Lettre historique et politique adressée a un magistrat sur le commerce de la librairie (Juin 1767). „Oeuvres", Paris 1876, p. 7.

Dieudonné, Franz, Die Kölnische Zeitung und ihre Wandlungen, Berlin 1903.

Drays, Freiherr C. W. F. L., Abhandlung der hohen Bundesversammlung vorgelegt, über eine Staatsordnung bei der Preßfreiheit, 1817.

Droyssen, J. G., Die Zeitungen im ersten Jahrzehnt Friedrich des Großen. Ein Beitrag zur Quellenkritik. „Zeitschrift für die preußische Geschichte und Landeskunde", hrsg. v. Rößler, Jahrg. 13 (1876, S. 1).

Duboc, Julius, Geschichte der englischen Presse nach Grant, Hamburg 1883.

Duchaine, Du délit de Presse, Thèse, Bruxelles 1866.

Duvergier, J. B., Collection complète des Lois, Décrets, Ordonnances, Réglements, Avis du conseil d'Etat, Paris.

Eckstein, E., Beiträge zur Geschichte des Feuilletons, Leipzig 1876.

Eichhorn, C., Die Geschichte der St. Petersburger Zeitung, 1727—1902, St. Petersburg 1902.

Elben, Otto, Geschichte des schwäbischen Merkurs. Stuttgart 1885.

Elliott, George, The Newspaper Libel and Registration Act 1881, London 1884.

Enquête sur les responsabilités de la presse contemporaine in „Revue Bleu", Jahrg. 34, 35.

Esmein, A., Eléments de droit constitutionnel. Paris 1896.

Faber, Alex., Die Fabersche Buchdruckerei, 1646—1896, Magdeburg 1897.

Fabreguettes, M. P., Traité des infractions de la parole, de l'écriture et de la presse, Paris 1884.

Fechtner, Ed., J. Locke, ein Bild aus den geistigen Kämpfen Englands im 17. Jahrhundert, Stuttgart 1898.

Ferriani, C. L., Minderjährige Verbrecher, Berlin 1896.

Feßler, J., Das kirchliche Bücherverbot, Wien 1858.

Fischel, Ed., Die Verfassung Englands, Berlin 1862.

Fischer, Art. „Post" in Handwörterbuch der Staatswissenschaften.

Flood, J. C., A Treatise on the Law concerning Libel and Slander, London 1880.

Fouillée, A., Les jeunes criminels, l'école et la Presse. „Revue des deux mondes", T. 39 (1897), 437.

Fouillée, A., Quelques réflexions sur la criminalité et le socialisme „Revue Bleue", 1897, p. 550.

France, Anatole, Opinions sociales, Paris 1903.

France, Anatole, J. Gutenberg, suivi du Traité des Phantasmes de Nicole Langelier, Paris 1900.

Frank, K., Das Strafgesetzbuch für das Deutsche Reich, Leipzig 1903.

Franke, J., Die Abgabe der Pflichtexemplare von Druckerzeugnissen, Berlin 1889 (Sammlung bibliothekswissenschaftlicher Arbeiten. Heft III., herausgeg. v. Dziatzko).

Franke, J., Pflichtexemplare und Fachbibliotheken, „Preußische Jahrbücher" Bd. LXVI.

Geschichte der Frankfurter Zeitung, 1850—1900, Frankfurt a. M. 1906.

Friedberg, E., Lehrbuch des katholischen und evangelischen Kirchenrechts, Leipzig 1903 (5. Aufl.).

Friedländer, Ludwig, Darstellungen aus der Sittengeschichte Roms, Leipzig 1890.

Friedmann, Otto, Vorschläge zur Umgestaltung des österreichischen Preßrechts, Leipzig, 1901.

Frizenschaf, Führer durch die periodische Presse der deutschen Katholiken, 1888.

Fulda, L., Sind Stimmzettel Druckschriften? „Gerichtssaal" Bd. XXXIV, S. 374.

Galli, Zur Begriffsbestimmung der Preßdelikte. „Goltdammers Archiv f. Strafrecht" Bd. 52 S. 116.

Gasca, C. L., Diritti i Doveri della Stampa, Torino 1905.

Gaze, O., Die strafrechtliche Haftung für Preßdelikte, Berlin 1906.

Generalregister zum 1. bis 17. Bd. der Nowakschen Sammlung der Plenarbeschlüsse und Entscheidungen des k. k. Obersten Gerichts- und Kassationshofes, Wien 1899.

Generalregister zum 1. bis 35. Bd. der Entscheidungen des Reichsgerichts in Strafsachen, Leipzig 1903.

v. Gentz, Fr., Über die Preßfreiheit in England und die Briefe von Junius, „Kleinere Schriften", hrsg. v. G. Schlesier, Mannheim 1838.

v. Gersdorf, Über den Begriff und das Wesen der öffentlichen Meinung, Jena und Leipzig 1846.

Gierke, Joh. Althusius, 2. Aufl. 1902.

Gierke, Rezension Labands „Staatsrecht“ in „Schmollers Jahrbuch für Gesetzgebung und Verwaltung des Deutschen Reichs“, VII (1883) S. 1132.

Gierke, Grundzüge des deutschen Privatrechts, „Enzyklopädie“ herausggb. von Holtzendorff-Kohler, Leipzig-Berlin 1904. Bd. I.

Giese, Fr., Die Grundrechte, Tübingen 1905 (Bd. I, Heft 2 der Abhandlungen, hrsgb. von Zorn und Stier-Somlo).

Glaser, J., Gutachten für den deutschen Juristentag über die Behandlung der Preßvergehen, 1866. „Kleine Schriften“, Wien 1883.

Gneist, Rudolf, Selfgovernment, Kommunalverfassung und Verwaltungsgeschichte, Berlin 1871 (2. Aufl.).

Gneist, R., Englische Verfassungsgeschichte, 1870.

Goldschmidt, J., Das Verwaltungsstrafrecht, Berlin 1902.

Goldschmidt, J., Das Verwaltungsstrafrecht im Verhältnis zur modernen Staats- und Rechtslehre. Festgabe der „Juristischen Gesellschaft zu Berlin“, Berlin 1903.

Goldschmidt, J., Die Deliktsobligationen des Verwaltungsrechts, Berlin 1905.

Gouge, R., De la responsabilité en matière de presse, Thèse, 1902.

Grant, James, The Newspaper Press: its origin, progress and present position London 1871, 3 vol.

Grassi, Celso, La legislazione ingleze sulla Stampa comparata alla legislazione italiana 1895. Bologna 1895.

Graßhof, R., Die briefliche Zeitung, Diss., Leipzig 1877.

Grimm, Deutsches Wörterbuch Bd. 7. Leipzig 1889.

v. Grollman, Karl, Grundsätze der Kriminalwissenschaft, 4. Aufl., Gießen 1825.

Gronichstädten, Otto, Das Urheberrecht, Preßgesetz und das objektive Verfahren, erläutert durch gerichtliche Entscheidungen. Wien 1892.

Gros, Ch., Etude de législation théatrale. Thèse, Paris 1903.

Groschuff, Sprechsaal, „Deutsche Juristenzeitung“ 1896, S. 235.

Grund, Otto, Die Schäden in der Berichterstattung der Presse über Gerichtsverhandlungen, „Deutsche Juristenzeitung“, XII.

Grupp, Georg, Kulturgeschichte der römischen Kaiserzeit, München 1903.

Grüttefien, E., Die Täterschaft des verantwortlichen Redakteurs, Berlin 1895.

Guizot, F., Quelques idées sur la liberté de la presse, Paris 1814.

Günther, L., Von Paul Marat, der „Ami du Peuple“ als Kriminalist (Gerichtssaal LXI, S. 81).

Gustaffson, Oberst, Über die unbeschränkte Preßfreiheit. Aachen und Leipzig, 1833.

Hafter, E., Die Delikts- und Straffähigkeit der Personenverbände, Berlin 1903.

Halewyck, Michel, Le régime légal de la Presse en Angleterre, Louvain-Paris 1899.

Hall, Robert, An Apology for the Freedom of the Press, and for general Liberty. London 1793.

Hallam, C., History of England, London 1875.

Hamilton, Dissertation on the Philosophy of Common Sense, London 1849.

Hamm, Die Presse im Dienste der Rechtsentwicklung, „Deutsche Juristenzeitung" XI., S. 10.

Harl, J. P., Höhere Gesichtspunkte für die Würdigung der teutschen Preßfreiheit, dieses Paladium teutscher Freiheit, Erlangen 1818.

Hartmann, L., Das Gesetz über die Presse vom 12. Mai 1851, Berlin 1865.

Hatin, Eugène, Histoire politique et littéraire de la Presse en France, Paris, 6 vol., 1859f.

Hatin, Eugène, Les Gazettes de Hollande et la Presse clandestine aux XVII et XVIII siècles, Paris 1865.

Hatscheck, J., Englisches Staatsrecht Bd. II, Tübingen 1906 (Handbuch des öffentlichen Rechts).

de Hauranne, Duverger, Histoire du Gouvernement parlamentaire en France Paris 1870.

Hauss, J. J., Principes généraux du droit pénal belge, Gand 1871 (3-ème édit.).

v. Heerdach, K., Katholik und Kirche oder praktische Preßförderung, Warmsdorf, ohne Jahr.

Hegel, Grundlinien der Philosophie des Rechts, Berlin 1821.

Heilbron, A., Das deutsche Reichspreßrecht, Breslau 1891.

Heinze, De spuriis Actorum Diurnorum Fragmentis undecim, Diss. Gryphiae 1860.

Helbronner, Louis, De la diffamation et de sa répression dans le droit anglais, Thèse, Paris 1901.

Henriot, E., Mœurs juridiques et judiciaires de l'ancienne Rome, Paris 1865, T. 2.

Heyck, Ed., Die Allgemeine Zeitung, 1798—1898, Beiträge zur Geschichte der deutschen Presse. München 1898.

Hilgers, Joseph, Der Index der verbotenen Bücher, in seiner neuen Fassung dargelegt und rechtlich historisch gewürdigt, Freiburg i. B. 1904.

Hilgers, J., Die Bücherverbote in Papstbriefen, Freiburg i. B. 1907.

Hinschius, H., System des katholischen Kirchenrechts, Berlin 1869.

Hirth, F., Das Zeitungswesen in China. „Österreichische Monatsschrift für den Orient", hrsg. v. Scala, Jahrg. 7 (1881).

Hoffmann, Ludwig, Geschichte der Bücherzensur, Berlin 1819.

Hollweck, Josef, Das kirchliche Bücherverbot. Ein Kommentar zur Konstitution Leos XIII., Mainz 1897.

Holt, Th. L., The Law of Libel, in which is contained a general history of this Law the ancient codes, and of its Introduction and successive Alterations in the Law of England. London 1876.

v. Holtzendorf, F., Wert und Wesen der öffentlichen Meinung, München 1879.

Holzhausen, P., Bonaparte, Byron und die Briten. Frankfurt a. M. 1904.

Honigmann, Die Verantwortlichkeit des Redakteurs, Breslau 1885.

Hulleman, J. E., Disputatio critica de Annalibus Maximi is „Hat Gymnasium te Amsterdam", Amsterdam 1855.

Hume, D., Of the liberty of the Press, in „Essays literary, moral and political", ed. Lubbock. London and New-York.

Jacques, H., Grundlagen der Preßgesetzgebung, Leipzig 1874.

Jacobi, R., Der Journalist, Hannover 1902.
Janet, Histoire de la science politique, 3ème édit, Paris 1863.
Jarke, C. E., Versuch einer Darstellung des zensorischen Strafrechts der Römer. Ein Beitrag zur Geschichte des Kriminalrechts, Bonn 1824.
Jellinek, Die Erklärung der Menschen- und Bürgerrechte, 2. Aufl., Leipzig 1904.
Jellinek, Réponse à M. Boutmy, „Revue du droit public et de la science politique“, T. XVIII (1902), S. 385 f.
Jellinek, Verfassungsänderung und Verfassungswandlung, Berlin 1906.
Jellinek, System der subjektiv-öffentlichen Rechte, 2. Aufl., Tübingen 1905.
v. Ihering, Geist des römischen Rechts, Leipzig 1894.
John, Gutachten für den 6. Juristentag, Bd. I der Verhandlungen, 1865, S. 347.
Jonas, V., Die strafrechtliche Haftung des verantwortlichen Redakteurs, Diss., Göttingen 1901.
de Jonge, Evertsen, Tweede Bijdrage over de zoogenoemde „délits de la presse“, Utrecht 1855.
de Jonge, Evertsen, Bijdrage tot de leer der zoogenoemde „délits de la presse“, Utrecht 1847.
Jörg, J., Wesen der preßrechtlichen Fahrlässigkeit nach § 21 des RStrG., Fulda 1899.
Jørgensen, J. A., Den Danske Dagespresse, Kobenhave 1901.
Journal des Parquets, publié par Le Poittevin, T. 9. 11.
Jubiläums-Zeitung, Festnummer zur Erinnerung an das 150jährige Bestehen des „Hamburgschen Correspondenten“, Anno 1731/Anno 1881.
Junker, Karl, Die Aufhebung des Zeitungsstempels und die österreichische Presse, Wien 1901.
Kants, Metaphysik der Sitten, Bd. 7 der sämtl. Werke, hrsgb. v. Hartenstein.
Kapp, Fr., Geschichte des deutschen Buchhandels bis in das 17. Jahrhundert, Leipzig 1886.
Kapp, F., Buchdruck und Buchhandel in Brandenburg-Preußen in den Jahren 1540—1740. II. Archiv für Geschichte des deutschen Buchhandels Bd. 7 (1882) S. 36—38.
Kayser, Reichspreßrecht in Holtzendorffs Handbuch des deutschen Strafrechts, Bd. IV, Berlin 1881.
Keiter, Handbuch der katholischen Presse Deutschlands, Österreichs, der Schweiz, der Vereinigten Staaten, Essen 1900.
Kellen, T., Das Zeitungswesen, München 1908 (Sammlung Kösel Nr. 17).
Kelly, R. J., The Law of Newspaper Libel, London 1889.
King, Lord Peter, The life and letters of J. Locke, London, 2. Aufl., 1830.
Kitzinger, F., Der ambulante Gerichtsstand der Presse, München 1905.
Kitzinger, F., Die Berichtigungspflicht der Presse und das Recht auf Berichtigung, „Zeitschrift für die gesamte Strafrechtswissenschaft“, 1906/7 S. 872.
Kloeppel, P., Das Reichspreßrecht, Leipzig 1894.
Knies, Der Telegraph, 1857.

Knorr & Hirth, Rückblicke und Erinnerungen, 1875—1900, München 1900.
Koehler, W., Zur Entwicklungsgeschichte des Buchgewerbes von Erfindung der Buchdruckerkunst bis zur Gegenwart, Gera 1896.
Koehler, W., Geschichte des literarischen Lebens vom Altertum bis auf die Gegenwart, Teil I, Gera 1906, Teil II, Gera 1907.
Kohler, J., Urheberrecht an Schriftwerken und Verlagsrecht, Stuttgart 1907.
Kohler, J., Ehre und Beleidigung, Goltdammers Archiv, Bd. 47, S. 111.
Koller, W., Das Reichspreßgesetz, Nördlingen 1888.
Kronecker, Gutachten für den XXV. deutschen Juristentag, Bd. II, S. 22.
Kuntzemüller, Otto, Hannoverscher Courier, 1849—1899, Festschrift, Hannover 1899.
Lange, Römische Altertümer, Berlin 1856.
Lassalle, F., Politische Reden und Schriften, hrsg. v. Blum, Bd. I, Die Feste, die Presse und der Frankfurter Abgeordnetentag, S. 116.
Lasson, K., Das Kulturideal und der Krieg, Bd. 57 der deutschen Bücherei.
Laurent, Ch., Etude sur les délits de presse, Bruxelles 1871.
Lecky, W. E. H., Democracy and Liberty, London, New York 1896.
Lecky, W. E. H., The leaders of Public Opinion in Ireland, London 1871.
Leclerc, Max, Les professions et la société en Angleterre, Paris 1901.
Leue, F. G., Über Zensur und Redefreiheit, Aachen und Leipzig 1848.
Levy, J., Die Anonymität in der Tagespresse, „Vossische Zeitung" 1904, Nr. 509.
Lewis, G. C., An essay on the influence of authority in matters of opinion, London 1875.
Lewis, G. C., A treatise on the Methodes of Observation and Reasoning in Politics, London 1852.
Lexer, Mittelhochdeutsches Handwörterbuch, Bd. 2. Leipzig 1872.
Lieberkühn, De diurnis Romanorum actis, Vimariae 1840.
Lieberkühn, Vindiciae librorum iniuria suspectorum, Lipsiae 1844.
Liebich, K., Der verantwortliche Redakteur und seine Haftung aus § 20 Absatz 2 des Reichspreßrechts, Diss., Würzburg 1905.
Lienbacher, G., Praktische Erläuterungen des österreichischen Preßgesetzes, Wien 1866.
Liepmann, Die Beleidigung, Bd. IV der vergleichenden Darstellung des deutschen und ausländischen Strafrechts, Berlin 1906.
v. Lilienthal, Üble Nachrede und Verleumdung. Bd. IV d. vergleichenden Darstellung d. deutsch. u. ausl. StR., Berlin 1906.
Freiherr von Liliencron, Mitteilungen aus dem Gebiete der öffentlichen Meinung in Deutschland, „Abhandlungen der königlichen bayerischen Akademie der Wissenschaften" 1874 (B. 12), S. 105.
v. d. Linde, A., J. Gutenberg, Geschichte und Erdichtung aus den Quellen nachgewiesen. Stuttgart 1878.
v. Liszt, Fr., Lehrbuch des österreichischen Preßrechts, Leipzig 1878.
v. Liszt, Fr., Das deutsche Reichspreßrecht, Berlin und Leipzig 1880.

v. Liszt, Fr., Gutachten für den XV. deutschen Juristentag (1880), „Strafrechtliche Aufsätze und Vorträge", Bd. I, Berlin 1905, S. 64.

v. Liszt, Fr., Gutachten für den XXV. deutschen Juristentag (1900), „Strafrechtliche Aufsätze und Vorträge", Bd. II, Berlin 1905, S. 219.

v. Liszt, Fr., Art. „Redakteur", „Preßstrafrecht" in Rechtslexikon, herausgb. v. Holtzendorff.

v. Liszt, Fr., Lehrbuch des deutschen Strafrechts, 16. und 17. Aufl., Berlin 1908.

Littré, Dictionnaire de la Langue Française. Paris 1863.

Löbl, K., Kultur und Presse, Leipzig 1903.

Locke, Essay concerning human understanding, London 1876.

Loening, Die strafrechtliche Haftung des verantwortlichen Redakteurs, Jena 1889.

Löffler, Franz Adam, Über die Gesetzgebung der Presse, ein Versuch zur Lösung ihrer Aufgabe auf wissenschaftlichem Wege, Leipzig 1837.

Lohmeyer, K., Geschichte des Buchdrucks und Buchhandels im Herzogtum Preußen, „Archiv für Geschichte des deutschen Buchhandels", Bd. 18 (1896), S. 29.

de Lolm, Constitution de l'Angleterre, Amsterdam 1771.

Löper, C., Die Zeitungen und die Post. Ein Beitrag zur Entwicklung des deutschen Zeitungswesens. „Archiv für Post und Telegraphie", Jahrg. 4 (1875), S. 391, 422.

Lorbeer, J., Die Grenzlinien der Rede- und Preßfreiheit nach englischem Rechte mit Beispielen aus der Gerichtspraxis, Erlangen 1851.

Lorenz, Th., Die englische Presse (Heft 9, „England in deutscher Beleuchtung"), Halle 1907.

Lorenz, Kann eine Zeitung Objekt der Ehrenbeleidigung sein? „Allgemeine österreichische Gerichtszeitung", 1902, Nr. 19.

Luciani, Vito, Le pubblicazioni periodiche nel diritto privato, Roma 1893.

Macaulay, Th. B., Geschichte von England, deutsch von W. Beseler, Braunschweig 1864. Bd. VI, VII.

de Malesherbes, Mémoires sur la librairie et sur la liberté de la Presse, Paris 1809.

Manfredi, P., Il diritto penale della stampa, Milano 1884.

v. Mangoldt, Das Gesetz über die Presse vom 7. Mai 1874, Leipzig 1886.

Manuel de la liberté de la Presse (anonyme), 2ème éd. Paris chez Pilletainé. 1820.

v. Marquardsen, Das Reichspreßgesetz, Berlin 1875.

v. Marquardsen, Beteiligung der Presse an der Fortbildung des Rechts, „Gerichtssaal", Jahrg. I, S. 510.

v. Marquardsen, Nochmals über die Verjährung bei Preßdelikten, „Deutsche Juristenzeitung", 1896, S. 457.

Marquardt, Das Privatleben der Römer, 1882, II, Leipzig 1886.

Aus dem literarischen Nachlaß von K. Marx, Engels und Lassalle, hrsg. von Mehring.

May, The constitutional history of England. 3 ed. London 1871.

Mayer, Otto, Deutsches Verwaltungsrecht. 1895.

Mayer, M. E., Rechtsnormen und Kulturnormen, Breslau 1903.
Meisner, H., und Luther, J., Die Erfindung der Buchdruckerkunst, Bielefeld und Leipzig 1900 (Bd. XI der Monographien zur Weltgeschichte).
Mellotée, Paul, Histoire économique de l'imprimerie, T. 1. Paris 1905.
Merkel, A., „Juristische Blätter", hrsg. v. Burian und Johann, Jahrg. I, (1872), Wien S. 543, „Diskussion der Preßfragen in der Juristischen Gesellschaft".
Merkel, A., Gesammelte Abhandlungen, Straßburg 1899, Bd. I.
Metternich, Nachgelassene Papiere, Wien 1880.
Mewes, Bemerkungen zum Reichsgesetz über die Presse v. 7/5. 1878, „Archiv für Strafrecht" 1891, S. 23.
Meyer, F. H., Papierfabrikation und Papierhandel, „Archiv f. Gesch. d. deutsch. Buchhandel", Bd. XI (1888), S. 283.
Mill, J. St., Über Freiheit, übers. v. Gompertz, gesam. Werke, Bd. I.
Milton, John, Areopagitica edit. by Arber, Birmingham 1868.
Mirabeau, Comte de, Sur la liberté de la presse, Imité de l'Anglais, de Milton, London 1788.
Mommsen, Th., Römische Geschichte, Berlin 1889.
Mommsen, Th., Römisches Strafrecht, Leipzig 1899.
Moreau, Paul, De l'homicide commis par les enfants, Paris 1882,
Münter, L., Begründet die Fahrlässigkeit eines Redakteurs bei Aufnahme eines Art. mit strafbarem Inhalt den Tatbestand eines selbständigen Preßdelikts, Diss., Leipzig 1904.
Munzinger, Ludwig, Die Entwicklung des Inseratenwesens in den deutschen Zeitungen, Heidelberg 1902.
Mussard, Jules, Les délits de publication, Thèse, Génève, 1882.
Nagrodow, W. J., Moderne russische Zensur und Presse vor und hinter Kulissen, Berlin 1894.
Navarra, B., China und die Chinesen, Bremen-Schangai 1901.
Neubecker, F. K., Vereine ohne Rechtsfähigkeit, I. Teil, Leipzig 1908.
Neukamp, Art. „Zeitungswesen", „Zeitungssteuer" in Handwörterbuch der Staatswissenschaften.
Ochoa, Francisco, Estudios juridicos, Mararacaibo 1892.
Odgers, Blake, A Digest of the law of Libel and Slander, 4 edit. London 1905.
Oetker, Die Berichtigungspflicht nach § 11 des Reichspreßgesetzes, „Gerichtssaal", LXVIII Heft 5/6, S. 321.
Oetker, Zur Lehre von den Preßvergehen, I, Die juristische Natur der Preßvergehen, „Goltdammers Archiv", Bd. 26 (1878), S. 248.
Oetker, Die Verantwortlichkeit des Zeitungsredakteurs, „Preußische Jahrbücher", Bd. 76, Heft 3, S. 385.
Oetker, Die strafrechtliche Haftung des verantwortlichen Redakteurs. Stuttgart 1893.
Olshausen, J., Kommentar zum StBG., Berlin 1905.
Olivier, M. J., De la liberté de la Presse, Paris 1880.
Opel, Julius, Die Anfänge der deutschen Zeitungspresse, 1609—1650, „Archiv f. Gesch. d. deutschen Buchhandels", Bd. III, 1879.

Opet, Die Grenzen der Theaterzensur, „Deutsche Juristenzeitung“, 1901, S. 131.
Oppenhof, Th., Das StBG., für das Deutsche Reich, Berlin 1896.
Oppermann, H. Al., Die Göttinger gelehrten Anzeigen, während einer 100-jährigen Wirksamkeit für Philosophie, schöne Literatur, Politik und Geschichte, Hannover 1844.
Österlein, Die Ausdehnung des Preßprozesses auf die technischen Arbeiter. München, 1894.
Paccaud, Auguste, De régime de la Presse en Europe et aux Etats-Unis, Lausanne 1887.
Pappafava, V., Die moderne Preßgesetzgebung, Zara, ohne Jahreszahl.
Park, R. E., Masse und Publikum, Diss.-Heidelberg 1904.
Paschius, G., De pronunciato illo: vulgus regitur opinionibus, Diss., 1701.
Paulsen, Fr., System der Ethik. Berlin 1900.
Piccardi, G. L., Saggio di una storia sommaria della Stampa Periodica „Annali di Statistica-Ministero di Agricoltura, Industria e Commercio“, Roma 1886.
Pincherle, G., La legge e la stampa, Firenze 1881.
Pischon, F. A., Kurze Geschichte der Erfindung der Buchdruckerkunst und ihres segenreichen Einflusses, Berlin 1840.
le Poittevin, Gustave, Traité de la Presse, Paris 1902.
le Poittevin, Gustave, La liberté de la Presse depuis la Révolution 1789-1815, Paris 1901.
Prager, R. L., Die „Ausschreitungen“ des Buchhandels, Leipzig 1903.
Proal, Louis, Le crime et le suicide passionel, Paris 1900.
Prutz, R. E., Geschichte des deutschen Journalismus, zum ersten Mal selbständig aus den Quellen gearbeitet. Hannover 1848.
Przedak, A. G., Geschichte des deutschen Zeitschriftenwesens in Böhmen, Heidelberg 1904.
Quetsch, F. H., Die Entwicklung des Zeitungswesens seit der Mitte des 15. bis zum Ausgang des 19. Jahrh., Mainz 1901.
Rathenau, F., Die Preßdelikte und der Begriff der Fortsetzung, „Gerichtssaal“, 1897, S. 376.
Rehm, H., Artikel „Preßgewerbe und Preßrecht“ in Handwörterbuch der Staatswissenschaften. Bd. V.
Rein, W., Das Kriminalrecht der Römer von Romulus bis auf Iustinianus, Leipzig 1844.
Richter, Dove-Kahl, Lehrbuch des katholischen und evangelischen Kirchenrechts, Leipzig 1886 (8. Aufl.).
Ritchie, D. E., Natural Rights, London 1895.
Roger, J., Délits de presse commis par la voie du livre, Thèse, Paris 1882.
v. Rönne-Zorn, Das Staatsrecht der preußischen Monarchie, Leipzig 1906.
Rosenkranz, K., Kurzer Begriff der öffentlichen Meinung, Rede (1831), in „Studien zur Philosophie und Literatur“, II. Teil, Leipzig, ohne Jahreszahl.
Rubo, Kommentar über das Strafgesetzbuch für das Deutsche Reich, Berlin 1879.
Sabourdin, A., De délit de diffamation politique et de sa repression, Thèse, Paris 1902.

Sachse, Fr., Die Anfänge der Bücherzensur in Deutschland, Leipzig 1870.

Salomon, L., Geschichte des deutschen Zeitungswesens, Oldenburg-Leipzig. 3 Bde., 1900—1906.

Salomon, L., Allgemeine Geschichte des Zeitungswesens, Leipzig, Sammlung Göschen, Bd. 351, 1907.

Schacht, H., Statistische Untersuchungen über die Presse Deutschlands, („Jahrbuch für Nationalökonomie und Statistik“), III. Folge, Bd. 15, S. 503.

Schacht, H., Die Entstehung des Zeitungsanzeigewesens, Beilage zur „Allgemeinen Zeitung“, 1899, Nr. 12.

Schade, O., Altdeutsches Wörterbuch. Halle 1872—1882.

Schäffler, Bau und Leben des sozialen Lebens, Tübingen, II. Aufl. 1896.

Schall, Spezielle Steuerlehre, Bd. III des Handbuches der politischen Ökonomie, hrsg. v. Schöneberg, Tübingen 1885.

M. Dumont-Schauberg, Geschichte der Kölnischen Zeitung und ihrer Druckerei, Köln 1880.

Schlesinger, M. L., Die Verfassungsreform in Rußland. „Jahrbuch des öffentlichen Rechts“, Bd. II, S. 420.

150 Jahre „Schlesische Zeitung“ 1742—1892, Breslau 1892.

Schlosser, Fr. C., Über die Quellen der späteren lateinischen Geschichtsschreiber, besonders über Zeitungen, öffentliche Bekanntmachungen, Archive und deren Benutzung unter den Kaisern („Archiv für Geschichte der Literatur“, hrsg. von Schlosser und Bercht, Bd. I (1830), S. 80).

Schmidt, G., Kauf, Gründung und Finanzierung von Zeitungen und Zeitschriften, Leipzig 1903.

Schmidt, W. Ad., Geschichte der Denk- und Glaubensfreiheit im ersten Jahrhundert der Kaiserherrschaft und des Christentums, Berlin 1847.

Schmidt, W. Ad., Das Staatszeitungswesen der Römer, „Zeitschrift für Geschichtswissenschaft“, Bd. I, (1844), S. 303.

Schmid, R. Die strafrechtliche Verantwortlichkeit, Zürich 1895.

Schmoller, Grundriß der allgemeinen Volkswirtschaftslehre, Leipzig 1904.

Schmölder, R., Das Inseratenwesen ein Staatsinstitut, Leipzig und Köln 1879.

Schollenberger, J., Politik in systematischer Darstellung, Berlin 1903.

Schopenhauer, Parerga und Paralipomena, Reklamsche Ausgabe.

v. Schullern, Art. „Papier“ im „Handwörterbuch der Staatswissenschaften, Bd. VI.

Schuermans, K., Code de la Presse, Bruxelles, 2-ème édit. 1881.

Schurtz, H., Vorgeschichte der Kultur, Leipzig und Wien 1900.

v. Schwarze-Appelius, Das Reichspreßgesetz v. 7. Mai 1874, Erlangen 1903, 4. Aufl.

Seckel-Heumann, Handlexikon zu den Quellen des römischen Rechts, Jena 1907.

Sidgwick, H., The Elements of Politics, London 1891.

Sidgwick, H., The development of European Polity, London 1903.

Simons, D., De vrijheid van druckpers in verband met het wetboek van Strafrecht, Diss., Gravenhage 1883.

Simmel, „Massenpsychologie" — „Die Zeit", Wien, Bd. V und VI, S. 118.
Söderhjelm, Alma, Le Régime de la Presse pendant la Révolution française. Thèse, Helsingfors 1900.
Spaten, Zeitungs-Lust und -Nutz, Hamburg 1695.
Zur Statistik des Zeitungswesens im Königreich Sachsen am Schlusse des Jahres 1866 vom Herausgeber der „Zeitschrift des Königlich Sächsischen statistischen Bureaus", Jahrg. XIII (1867), S. 49.
Steffenhagen, Der Pflichtexemplarzwang in der Provinz Schleswig-Holstein, Kiel 1890.
v. Stein, Lorenz, Lehrbuch der Finanzwissenschaft. Leipzig 1871.
Steinhausen, G., Die Entstehung der Zeitungen aus dem brieflichen Verkehr, „Archiv f. Post und Telegraphie", 1895, S. 347.
Stenglein, Die Verjährung der Preßdelikte. „Deutsche Juristenzeitung", 1896, S. 331.
Stephen, James, A history of the criminal Law of England. London 1883.
Stephen, L., English Thought in the eighteenthe Century. London 1876.
Stephen, L., The English Utilitarians, London 1900.
Stephen, James F., Die Schlagwörter Freiheit, Gleichheit und Brüderlichkeit, übers. v. Schuster, Berlin 1874.
Stieda, W., Studien zur Geschichte des Buchdrucks und Buchhandels in Mecklenburg, „Archiv f. Gesch. d. deutsch. Buchhandels", Bd. 17, (1894), S. 119.
Stieda, W., Die Anfänge der periodischen Presse in Mecklenburg, „Arch. f. d. deutsch. Buch.", Bd. 19 (1892), S. 80.
Stooß, C., Grundzüge des schweizerischen Strafrechts, Basel und Genf 1892.
Stooß, C., Preßdelikt und Preßfreiheit, „Zeitschrift für Schweiz. St.-Recht, Jahrg. 8 (1895).
Stooß, C., Die schweizerischen Strafgesetzbücher, Basel und Genf 1890.
Stooß, C., Das Verhältnis der civilrechtlichen Haftbarkeit nach Art. 50 ff. des schweizerischen Obligationenrechts zum kantonalen Strafrechte, insbesondere bei Preßdelikten. Basel 1886.
de Suckau, E., Les Journaux chez les Romains, „Revue Germanique", T. 17, 1860, Paris
Tambaro, J., La libertà della stampa e il diritto penale. Torino 1896.
Tarde, G., L'opinion et la foule, Paris 1901.
Teutsch, F., Zur Geschichte des deutschen Buchhandels in Siebenbürgen. „Arch. f. G. d. deutsch. Buchh.", Bd. III, IV, XV.
Thiebault, D., Traité sur l'esprit public, Strasbourg et Paris. An VI de la République Française.
Thilo, G., Das Preßgesetz für das Deutsche Reich, Berlin 1874.
Thonissen, J. J., Constitution Belge annotée, 1844.
Todd, Parlamentary Government in England, its origin, development and practical operation, London 1892.
Tönnies, Gemeinschaft und Gesellschaft, Leipzig, Neudruck 1906.
Trübner, K., Wissenschaft und Buchhandel, Jena 1903.

Tscheng-Ki-Tong, Les Chinois peints par eux-mèmes, Paris 1884.
Ulbrich, J., Lehrbuch des österreichischen Verwaltungsrechts. Wien 1904.
Vermeersch, A., De prohibitione et censura librorum, Romae 1906.
Voltaire, Art. „Opinion, Liberté" in Dictionnaire philosophique, „Oeuvres" t. XXXI.
Voltaire, Art. „Gazette" in „Encyclopédie ou Dictionnaire raisonné des Sciences, des Arts et de Métiers", T. 7, Paris 1757.
Vorländer, Franz, Geschichte der philosophischen Moral-, Rechts- und Staatslehre der Engländer und Franzosen. Marburg 1855.
Wahl, F., Die strafrechtliche Haftung des verantwortlichen Redakteurs nach § 21 d. RPG., Mainz 1904.
Wahlberg, W. E., Zur Revision des Preßstrafrechts in Österreich. Gesammelte kleine Schriften, Bd. I, Wien 1875.
Walch, La déclaration des droits du l'homme et du citoyen et l'Assemblée constituante, Thèse, Paris 1903.
Walcker, K., Theorie der Preßfreiheit und der Beleidigungen, Karlsruhe 1889.
Weber, A. D., Über Injurien und Schmähschriften, Leipzig 1811.
Wehle, J. H., Die Zeitung, ihre Organisation und Technik, Wien, Pest, Leipzig 1878.
Welschinger, Henri, La censure sur le premier empire, Paris 1887.
Welcker, C. Th., Die vollkommene und ganze Preßfreiheit nach ihrer sittlichen, rechtlichen und politischen Notwendigkeit, Freiburg 1830.
Welcker, Art. „Censur" in „Staatslexikon" hrsgb. von Rotteck und Welcker Leipzig 1859. Bd. III, S. 384 f.
Wiegand, F., Kirchliche Bewegungen der Gegenwart. Eine Sammlung von Aktenstücken. Jahrg. I. Leipzig 1908.
Williams, J., Press Laws, Art. in „Encyclopaedia Britannia", 9 edit. vol. XIX. p. 710.
Wilson, R. K., History of modern English Law, London, Oxford and Cambridge, 1875.
v. Witzleben, C. D., Geschichte der Leipziger Zeitung, zur Erinnerung an das 200jährige Bestehen der Zeitung. Leipzig 1860.
Wörl, Weltrundschau über die katholische Presse, Würzburg 1878.
Wörl, Katholische Presse in Europa, Würzburg 1877.
Wundt, W., Ethik. Leipzig 1903.
Wuttke, H., Die deutschen Zeitschriften und die Entstehung der öffentlichen Meinung, Leipzig 1875.
Zell, Karl, Über die Zeitungen der alten Römer, Ferienschriften, Heidelberg 1873.
v. Zenker, E., Geschichte der Wiener Journalistik von den Anfängen bis zum Jahre 1848. Ein Beitrag zur deutschen Kulturgeschichte. Wien und Leipzig, Bd. I (1892), Bd. 2 (1893).
Zimmermann, Fr., Die Grundbegriffe des französisch-belgischen Preßstrafrechts und ihre Verwertung für die Beurteilung des deutschen Reichspreßgesetzes, Diss., Göttingen 1907.
Zola, E., Über die Anonymität. „Die Zukunft", Berlin 1893, S. 594.

FSC
www.fsc.org
MIX
Papier | Fördert
gute Waldnutzung
FSC® C083411

Kolibri 360 GmbH
Ferdinand-Jühlke-Straße 7
99095 Erfurt, Deutschland
produktsicherheit@kolibri360.de